CB134687

Inconfidências Mineiras

Sonia Sant'Anna

Inconfidências Mineiras

Uma História Privada da Inconfidência

ZAHAR
Rio de Janeiro

Copyright © 2000, Sonia Sant'Anna

Todos os direitos reservados.
A reprodução não-autorizada desta publicação, no todo
ou em parte, constitui violação de direitos autorais. (Lei 9.610/98)

Copyright desta edição © 2000:
Jorge Zahar Editor Ltda.
Rua México 31 sobreloja
20031-144 Rio de Janeiro, RJ
tel.: (21) 2108-0808 / fax: (21) 2108-0800
e-mail: jze@zahar.com.br
site: www.zahar.com.br

Ilustrações:
Clarissa da Costa Moreira

Capa:
Carol Sá e Sérgio Campante

CIP-Brasil. Catalogação-na-fonte
Sindicato Nacional dos Editores de Livros, RJ

Sant'Anna, Sonia
S223i Inconfidências mineiras: uma história privada da Inconfidência / Sonia Sant'Anna. – Rio de Janeiro: Jorge Zahar Ed., 2000

Inclui bibliografia
ISBN 978-85-7110-555-3

1. Brasil – História – Conjuração mineira, 1789. 2. Mulheres – Brasil – Atividades políticas – História. I. Título.

CDD: 981.03
00-0666 CDU: 981

Para Lucinha

Sumário

23 de maio de 1819, na vila de Campanha, em Minas Gerais. O cavaleiro puxa bruscamente as rédeas, fazendo estacar a montaria diante da casa do coronel Matias Gonçalves Moinhos de Vilhena. Ainda sobre a sela grita: — Mensagem para a senhora dona Iria.

De dentro da casa acorrem dois escravos. Um deles ajuda o mensageiro a desmontar e ata as rédeas do cavalo a uma argola de ferro. Há urgência na voz do mensageiro. O outro escravo apanha a carta e a leva imediatamente para dona Iria, que rompe o lacre e tira os óculos do bolso do vestido.

Lágrimas correm de seus olhos à medida que lê. Ao contrário de muitas jovens de seu tempo, aprendera a ler e escrever. Seu pai, o falecido doutor José da Silveira e Souza, formado em Coimbra, tinha idéias modernas sobre a educação das moças, acreditava que mereciam receber instrução e participar da vida social; disso se arrependeria já tarde demais.

O coronel Matias chega à sala e se aproxima, aflito com o pranto da mulher.

— Trata-se de Bárbara, mandam dizer-me, de São Gonçalo do Sapucaí, que está morta e já enterrada. Minha pobre irmã! Finalmente Deus a levou. Que encontre no Céu a felicidade que este mundo lhe negou. Mandaremos dizer uma missa, discretamente, por sua alma. Embora toda aquela história de Inconfidência já esteja esquecida, e até a tenham enterrado em local nobre, ao pé do altar da Matriz, melhor que não se traga à luz o passado.

Mas dona Iria não consegue esquecer.

Pensa nos dias da infância e juventude, passadas em São João d'El Rey, quando ainda não podiam imaginar a tormenta que se abateria sobre a família.

O Ouvidor

São João d'El Rey, antiga Arraial Novo do Rio das Mortes, pouso fundado para o reabastecimento dos bandeirantes que seguiam para as Gerais, era uma vila encantadora, com cerca de quinhentas casas, cortada pelo córrego Tejuco que a dividia ao meio e era atravessado por duas pontes de madeira, já bem antigas. Havia a Matriz de Nossa Senhora do Pilar, com altares em talha dourada, na rua Direita, e várias igrejas menores. Chafarizes distribuíam água para a população e ao seu redor se reuniam os escravos para prosear com os negros de outras casas; assim se espalhavam os mexericos. Havia também um pelourinho, onde eram anunciados os decretos da municipalidade e açoitados publicamente escravos que houvessem cometido faltas graves, em meio às galhofas dos desocupados que apreciavam esse tipo de espetáculo. No alto do Morro da Força, um casarão de pedra era a Casa de Fundição, de onde saía o

Igreja da Ordem Terceira de São Francisco em São João d'El Rey.

ouro, fundido em barras, do qual um quinto era levado para Portugal.

A grande corrida do ouro era coisa do passado. As lavras rendiam cada vez menos e muitos mineradores se afogavam em dívidas, na esperança de ainda encontrar novas minas. Outros, mais realistas, aproveitavam na lavoura os escravos sem ouro para garimpar. Um novo tipo de riqueza surgia em Minas Gerais. Uma riqueza que, em vez de ser levada para Portugal, ficava por ali mesmo, servindo à gente da terra. Abriam-se pastos, plantava-se cana e algodão, colhia-se o milho, a mandioca, feijão, arroz e trigo. Muitos fiavam e teciam em suas fazendas o algodão que cultivavam, fabricavam cachaça, açúcar, queijos, farinha e calçados. Já não se importava tanta mercadoria do reino e os empresários portugueses perdiam mercado.

Tendo descoberto que podiam bastar-se a si mesmos nesses artigos, os habitantes de Minas começavam a fabricar também cobertores de lã, ferramentas... a capitania tentava redescobrir o caminho para a prosperidade.

Algumas famílias enviavam os filhos à Europa para tirarem um diploma; a região, outrora povoada por bandeirantes e aventureiros, palco de tantas desordens, civilizava-se.

O Ciclo do Ouro

Durante o século XVII houve algumas descobertas de ouro no Brasil, sempre em pequena quantidade. No final do século, em Minas Gerais, paulistas fizeram as primeiras descobertas relevantes, atraindo gente de toda parte. À fase áurea da mineração dá-se o título de Ciclo do Ouro. Sua duração foi curta, cerca de um século apenas, após o que o ouro de aluvião se esgotou. Não havendo tecnologia suficiente para escavar minas profundas, a próspera capitania de Minas Gerais entrou em decadência.

As irmandades religiosas

Os frades pertencentes a ordens religiosas, além de conduta escandalosa, lideraram alguns dos distúrbios que se seguiram à descoberta do ouro. A Coroa decidiu dificultar a entrada desses frades nas regiões auríferas, e acabou por proibir sua presença. Somente sacerdotes seculares – isto é, não-pertencentes a uma ordem – passaram a ser admitidos. Para construir e manter as igrejas e as obras pias, organizaram-se as irmandades e ordens terceiras, muito ricas e poderosas, compostas de leigos.

Havia festas de igreja e procissões. À noite iluminavam-se os casarões; poetas mostravam suas obras, discutiam-se as notícias enviadas pelos rapazes que estudavam nas universidades estrangeiras. Esses contavam, em suas cartas, que na Europa, em algumas fábricas, já se utilizavam máquinas a vapor, uma maravilha moderna, e os brasileiros tentavam imaginar como seriam as tais máquinas. Enviavam também os estudantes partituras musicais e todos procuravam aprender e executar as sonatas e árias de ópera que encantavam os salões do outro lado do Atlântico. Compositores locais apresentavam nas igrejas suas obras mais recentes. Algumas residências possuíam bibliotecas, clandestinamente reunidas para fugir à censura oficial. Os ricos, durante os meses mais quentes, refugiavam-se em chácaras na vizinha localidade de Matosinhos.

São João d'El Rey teria em breve mais uma igreja, encomendada pela irmandade da Ordem Terceira de São Francisco, ainda mais ornada de ouro que a Matriz do Pilar.

Na rua da Prata, ao lado da igreja em construção, era uma das melhores da vila a casa do doutor José da Silveira e Souza, advogado, dono de lavras e de lavouras de cana, que muito se orgulhava de seu nascimento português. Para dona Maria Josefa da Cunha Bueno, sua mulher, mais valia seu sangue Bueno, herdado dos avós bandeirantes. Seu antepassado Amador Bueno fora aclamado, pelos paulistas descendentes de espanhóis, rei de São Paulo; mas recusara a honraria por lealdade ao rei. Seu bisavô, seus tios avós e seus primos, entre os quais o célebre Anhangüera, haviam povoado Minas Gerais e Goiás, conquistado terras para o rei, aprisionado escravos índios e, sobretudo, haviam descoberto ouro e pedras preciosas.

Há mais de cinqüenta anos paulistas e portugueses – a quem os paulistas chamavam emboabas – haviam travado uma guerra feroz por causa do ouro. A menos de duas léguas* de São João d'El Rey ficava a vila de São José do Rio das Mortes, antes chamada Santo Antônio da Ponta do Morro, onde os paulistas, comandados pelo bisavô de dona Josefa, haviam se curvado à vantagem numérica da tropa portuguesa. Portugueses e descendentes de portugueses formavam agora a maioria da população branca das comarcas de Vila Rica e do Rio das Mortes. Os paulistas, descobridores daquelas minas, haviam sido empurrados de volta à sua terra ou ido para as minas de Goiás. Lá se haviam estabelecido o pai, os tios e os irmãos de dona Josefa, no Arraial de Anta, onde ela havia conhecido o doutor Silveira e com ele se casado.

Iria, que no batismo havia recebido o nome de Iria Claudiana Umbelina, era a sétima dos dez filhos do casal Bueno e Silveira. Suas

Amador, o Aclamado

Dom Sebastião, rei de Portugal, solteiro, desapareceu durante uma batalha no Marrocos, em 1578. Seu irmão e sucessor, o cardeal dom Henrique, também não deixou herdeiros. O parente mais próximo, Felipe II da Espanha, reivindicou a Coroa. Portugal – e conseqüentemente o Brasil – ficou sob domínio espanhol até 1640, quando uma revolução levou ao trono o duque de Bragança, com o título de dom João IV. Os espanhóis que habitavam São Paulo, ao receber a notícia, não admitindo submeter-se a um rei português, decidiram separar-se do Brasil, aclamando rei a Amador Bueno, de ascendência espanhola. Bueno recusou, protestando lealdade a dom João. Ficou conhecido pelo título Amador, o Aclamado.

* 1 légua, cerca de 6.600 metros

O bisavô de dona Josefa

Bartolomeu Bueno da Veiga, bisneto do Aclamado. Enriquecido nas minas, estava em São Paulo por ocasião da Guerra dos Emboabas. Quase ao final da guerra, paulistas derrotados em Sabará e em Cachoeira do Campo haviam se refugiado num capão de mato, perto da Ponta do Morro. Sitiados e sem esperança de vitória, mediante garantia de vida, renderam-se. Desrespeitando a promessa, o emboaba Bento do Amaral Coutinho ordenou uma chacina, episódio conhecido como Capão da Traição. As mulheres paulistas exigiram vingança e foi enviada uma tropa liderada por Bartolomeu Bueno da Veiga. Ponta do Morro, reduto emboaba, foi cercada. Avisado de que um exército se aproximava em socorro aos sitiados, Bueno da Veiga abandonou o cerco. Santo Antônio da Ponta do Morro, depois São José do Rio das Mortes, é a atual cidade de Tiradentes.

primeiras lembranças eram das cócegas que lhe faziam as barbas grisalhas do pai quando a tomava ao colo, da voz forte da mãe a ralhar com as escravas e das risadas da irmã Bárbara Eliodora, nove anos mais velha. Viviam também no casarão dona Mariana, mãe de dona Josefa e duas vezes viúva, e a afilhada do doutor Silveira, Teresa, uma órfã da mesma idade que Bárbara. Esses rostos se misturavam, em sua memória, ao de Lourença, sua ama.

Era Lourença quem lhe vestia as muitas anáguas sob os vestidos, acompanhava-a nos passeios e vigiava suas brincadeiras com os irmãos Mariana e José Inácio, que lhe eram os mais próximos em idade, e com os negrinhos da casa.

Outro rosto negro, lembrança terrível, tantos anos já passados, assombrava ainda seus pesadelos. Era uma cabeça sem corpo, espetada num poste, coberta de moscas, a pele a despregar-se das carnes, que vira na praça, a caminho da missa, quando tinha seis anos. Pusera-se a chorar, mas a mãe lhe dissera que não sentisse pena do escravo, um criminoso, que assassinara seu senhor. Em casa, mais tarde, o pai explicou-lhe que aqueles que tentavam contra a vida de seus pais e de seus senhores ou contra o rei, crimes gravíssimos, depois de enforcados eram assim exibidos para servir de exemplo.

Muitos eram os visitantes em casa do doutor Silveira. Um dos mais assíduos era um português já idoso, Matias Gonçalves Moinhos de Vilhena. Os Vilhena eram uma antiga família espanhola. Em certa época, alguns Vilhena se haviam mudado para Portugal e ali formaram uma família ilustre, que tomara parte na guerra contra os mouros. A família, infelizmente, já não era rica e Matias decidira tentar a sorte no Brasil, seguindo o exemplo de tantos patrícios e atraído pelas notícias de fortuna fácil.

Depois da Guerra dos Emboabas viera para o Arraial Novo, promovido a vila com o nome de São João d'El Rey. Enriqueceu com a mineração e chegou a capitão-mor; por seus serviços, recebeu a comenda da Ordem de Cristo. Casou-se com uma brasileira e foi ficando. Quando nasceu Iria, de quem foi padrinho, já era amigo do doutor Silveira há muitos anos e tinha um único filho, também de nome Matias, já rapazinho.

Um novo morador chegou à cidade e logo passou a freqüentar a casa, encantado que estava com a beleza de Bárbara. Era o doutor Inácio José de Alvarenga Peixoto, recém-chegado do reino com o diploma de advogado e vários cadernos de poesias.

O doutor Alvarenga era o novo ouvidor da comarca do Rio das Mortes. Tinha trinta e três anos, era elegante, todos comenta-

A Guerra dos Emboabas

Emboaba, palavra indígena que significa "estrangeiro": assim se referiam os bandeirantes a todos aqueles que não fossem paulistas. A luta entre paulistas e "estrangeiros" pelo controle das minas de ouro levou à Guerra dos Emboabas (1707-1709).

vam seus trajes, o criado português que trouxera consigo e suas maneiras refinadas por uma estada em Sintra, onde fora juiz e freqüentara os salões de dona Joana Isabel de Lencastre.

Bárbara Eliodora jamais havia conhecido alguém como o novo ouvidor; fascinada, ouvia as histórias que contava a respeito da bela dona Joana, casada aos treze anos, contra sua vontade, com um velho de sessenta e seis, de quem teve cinco filhos. Felizmente o marido fizera-lhe o favor de deixá-la viúva aos vinte e seis, dona de grande fortuna e livre para freqüentar os poetas que tanto admirava.

Doutor Silveira e dona Josefa percebiam, preocupados, que sua filha estava apaixonada pelo poeta-ouvidor. Alvarenga ocupava um cargo importante e possuía fortuna, herdada da família: casas no Rio de Janeiro, sua cidade natal, a Fazenda Pinheiros, na localidade chamada Boa Vista, perto de São Gonçalo do Sapucaí, escravos e engenhos. Mas gostava de jogar, gastava em luxo mais do que podia e havia deixado muitas dívidas em Portugal. Era rindo que dizia: — É impossível ao mesmo tempo ter e gastar; quanto a mim prefiro gastar.

Comentava dona Josefa que o bacharel preocupava-se tanto com as aparências porque quase não fora aceito em Coimbra; a Universidade somente admitia rapazes de famílias de indiscutível prestígio social e Alvarenga, segundo uma denúncia, era neto de artesão, não passando seu avô de um fabricante de imagens. A custo, depois de chamadas muitas testemunhas, provou-se que esse antepassado esculpia imagens por devoção, não fazendo disso profissão. Só então Coimbra o recebeu.

O doutor Silveira não podia proibir que o ouvidor viesse à sua casa, pois eram sócios em vários negócios, possuíam juntos uma fazenda; e Bárbara, apesar dos conselhos paternos, continuava o namoro com a cumplicidade de Teresa e das mucamas, recebia bilhetes e versos e sempre dava um jeito de encontrar-se a sós com o namorado.

Mas nem só de namoros falava-se em casa de Iria. Nos serões à luz de velas e candeeiros, a menina, cabeceando de sono, tentava entender alguma coisa do que conversavam seus pais e as visitas. Os mineiros, como pouco mais de meio século atrás os antigos paulistas, não se conformavam com que uma boa fatia do ouro que arrancavam da terra lhes fosse tomada sob a forma dos mais variados impostos e enviada a Portugal. Ou então gasta na importação dos artigos que o Brasil era proibido de fabricar.

Até mesmo portugueses, como o doutor Silveira e o capitão Matias, sentiam-se prejudicados. Haviam abandonado pátria e família para colonizar o Novo Continente, casando-se, quase todos, com brasileiras. Haviam arriscado suas vidas atravessando o mar, enfrentado o calor escaldante, as febres e a violência dos primitivos arraiais, aqui empregado todo seu capital e não achavam justo que devessem sustentar os patrícios comodamente instalados em Lisboa.

Não se davam conta, na Corte, de que não se pode enviar o que não se tem. Os governantes, lá longe, em seus palácios às margens do Tejo, insistiam em receber no mínimo 100 arrobas* anuais do quinto do ouro. Se o imposto, como seu próprio

* 1 arroba, cerca de 15 quilos

nome o dizia, representava um quinto de todo o ouro extraído, como enviar 100 arrobas à Metrópole, se a produção havia caído a menos de 300?

— Acabou-se a riqueza fácil do ouro e diamantes – disse um minerador semi-arruinado.

Um fazendeiro argumentou:

— Essa é a riqueza que mais interessa a Portugal, mas não é a única que a terra oferece, temos que produzir outros bens, comida principalmente, que é consumida aqui mesmo.

— E também instalar indústrias – lembrou o dono da casa. Precisamos fabricar panos e louças, para não gastar na importação de produtos portugueses o ouro que ainda se extrai.

Um outro assunto ocupava as conversas: a declaração de independência das colônias inglesas na América do Norte, que se haviam rebelado e agora se chamavam Estados Unidos da América. O excesso de impostos havia sido a causa da revolução e os norte-americanos ainda lutavam contra os ingleses, que se recusavam a deixar o país.

Eram assuntos muito complicados para Iria, mas Bárbara, mocinha, tomava parte nas discussões. Os senhores presentes ficavam encabulados, não estavam acostumados a ver mulheres discutindo política e negócios. Ainda mais aturdidos ficavam quando Bárbara declamava suas próprias poesias; mulheres deviam contentar-se com bordados e rezas, pensavam.

O Doutor Surdo

Em 1779, pouco antes de Bárbara completar vinte anos, explodiu o escândalo: a filha dos Silveira, solteira ainda, deu à luz uma menina, filha do doutor Alvarenga. Na vila não se falava em outra coisa. Panfletos anônimos circulavam, criticando o ouvidor e a família da moça, que nada fazia para obrigar o sedutor a casar-se com ela e, escândalo ainda maior, permitia que continuasse freqüentando a casa. Era até visto a passear com a pequena Maria Ifigênia, a quem chamava sua princesa. O doutor Silveira, ao andar pelas ruas, fingia não ouvir os cochichos à sua passagem; maldosamente deram-lhe o apelido de doutor Surdo.

Casa da família Silveira em São João d'El Rey. Atual Secretaria de Turismo da cidade.

Quem mais criava mexericos, parecendo até uma velha comadre, era o vigário Villasboas. Aproveitando-se de sua condição de padre e defensor da moral, estava mesmo descontando velhas rixas. A tal fazenda que o doutor Silveira e Alvarenga possuíam em sociedade ficava em Paraopeba e havia sido comprada num leilão judicial. Alvarenga tinha sido o verdadeiro comprador, mas, como ouvidor, estava impedido por lei de participar do leilão e havia pedido ao amigo Silveira que a comprasse como se fosse para si, pagando apenas um sinal.

A família do vigário também estava interessada nessas terras. Então, além de atacar a honra de Bárbara, fazendo sermões contra os pais de família que, dizia o vigário, trocavam suas filhas por fazendas, Villasboas queixou-se ao governador de que a compra fora ilegal, e iniciou um processo para anular o leilão. Alvarenga contratou o maior advogado de Minas, o doutor Cláudio Manuel da Costa, de Vila Rica, para cuidar do caso.

— A ingratidão desse vigário! – reclamava o ouvidor. Quando ele e o irmão, aquele poeta Bazílio da Gama, foram a Portugal estudar, não conheciam ninguém. Eu os apresentei à sociedade. O Bazílio encantou-se com dona Joana de Lencastre e não foi correspondido, era a mim que ela preferia. Certamente toda essa história não é apenas ganância pela terra, são ciúmes retardados, por conta dessas velhas mágoas.

Bazílio da Gama

Nasceu em São João del Rei, em 1741. Estudou no Rio de Janeiro com os jesuítas. Após a expulsão desses do Brasil (1759), foi para a Itália, onde se ligou aos poetas locais. De volta ao Rio de Janeiro, acusado de jesuitismo, foi degredado para Angola; no exílio escreveu um poema à filha do marquês de Pombal. Em troca recebeu o indulto e a permissão para residir em Portugal, à mesma época em que lá estava Alvarenga Peixoto. Seu poema épico "Uraguai", publicado em 1769, narra a luta de portugueses e espanhóis contra as missões jesuítas, e seu maior mérito está na descrição dos costumes indígenas.

A ama Lourença, essa, não cansava de resmungar que jamais tinha visto coisa assim em casa de gente branca e importante. E prevenia sua senhora de que a menina Maria Inácia também andava de namoro às escondidas: — Cuidado, sinhá, prá num passá vregonha di novo.

E o doutor Surdo teve que enfrentar novos falatórios, causados não por Inácia, mas por José Maria, o filho de quinze anos. O rapaz era visto nas tavernas em más companhias. Jogava muito, gastava com mulheres o dinheiro que subtraía aos pais. Dona Josefa não sabia mais o que fazer. Temendo que o mau comportamento de José Maria envergonhasse ainda mais a família, logo agora que a filha Francisca estava para se casar com um senhor português e Teresa com o filho do capitão Matias, enviou-o para a casa de um padre amigo, na esperança de que o bom homem pudesse botar algum juízo naquela cabeça vazia. Providência inútil, não se consegue prender em casa um jovem de quinze anos, e o padre, com muitas desculpas, mandou-o de volta à mãe.

Com o correr do tempo, outros assuntos passaram a ocupar o interesse do povo da vila. Dois anos atrás, ano de seca cruel, os agricultores haviam colhido muito pouco, as reses morriam nos pastos, mas, mesmo assim, como havia guerra contra os castelhanos no sul do país, do pouco que haviam colhido, parte teve que ser enviada para o sustento das tropas. Só agora o governo se dispunha a pagar por essas provisões. E o encarregado da negociação foi o ouvidor.

O governo não podia ter escolhido pior. Alvarenga, sempre inconseqüente, quando recebeu o dinheiro para o pagamento, em vez de entregá-lo aos agricultores, entregou-o a um conhecido seu, que também tinha créditos a receber do Tesouro. Despiu um santo para vestir outro, segundo o velho ditado. Mas os que ficaram despidos, que já não se preocupavam mais tanto com os amores do ouvidor, voltaram à carga.

Dona Josefa e dona Mariana não sabiam se deviam rezar à Senhora do Pilar para que fizesse Alvarenga casar-se logo ou para que o mandasse para bem longe dali.

Vila Rica

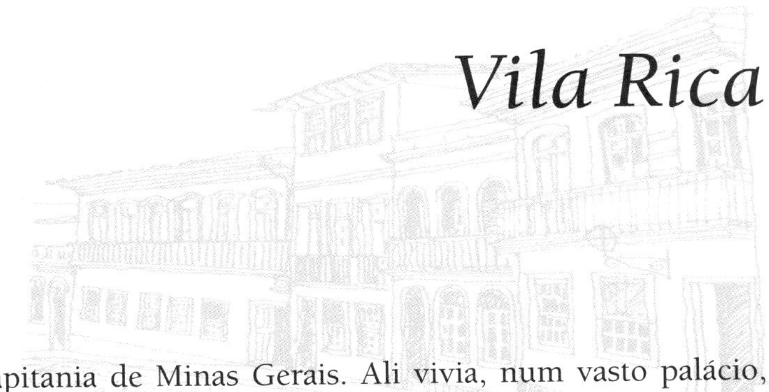

Vila Rica era a capital da capitania de Minas Gerais. Ali vivia, num vasto palácio, construído sobre um terreno elevado, cercado por muros de pedra e defendido por guaritas, o governador dom Rodrigo de Menezes. Ao deixar Portugal, haviam-lhe recomendado que impedisse os mineiros de fabricar produtos que concorressem com os portugueses. Se os brasileiros viessem a produzir tudo aquilo de que precisavam, Portugal estaria em grande dificuldade; era um país pequeno, pouco povoado e sem muitas riquezas naturais, sua riqueza era o Brasil, de onde obtinha o ouro que lhe permitia importar do resto da Europa os bens que não produzia. E, exportando para a colônia os bens que produzia, Portugal ganhava duplamente: seus industriais e comerciantes enriqueciam e os produtos portugueses, ao desembarcar no Brasil, pagavam altos impostos de entradas, que abasteciam o Tesouro Real.

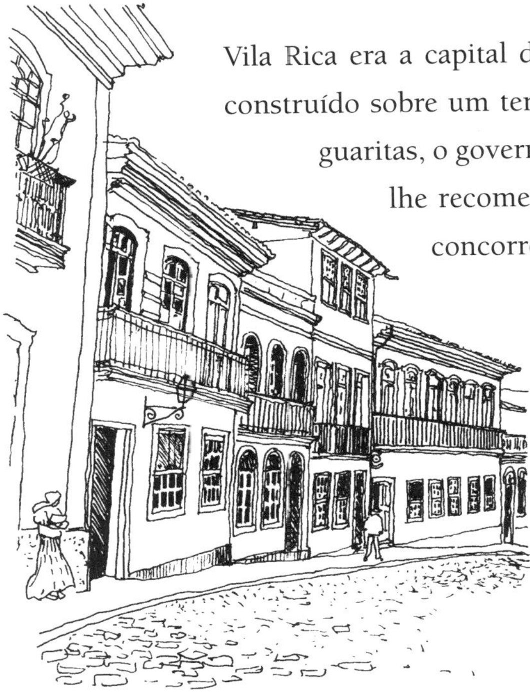

Rua Direita, em Vila Rica.

Ao governador exigia-se também que aumentasse, de qualquer forma, a produção de ouro e a arrecadação dos quintos.

Dom Rodrigo era um homem justo. Depois de estudar as condições locais, escreveu à rainha dona Maria que as cadavéricas minas não podiam fornecer o que já não tinham. Em vez de pensar só em ouro, por que não aproveitar o ferro, tão abundante naquelas terras, e instalar forjas? Procurou também relacionar-se com os homens de negócios para ouvir-lhes as queixas e aspirações.

Com isso o doutor Silveira passou a ir regularmente à capital. Certa vez, como pretendesse demorar-se algum tempo, decidiu levar dona Josefa e as filhas, para que fossem apresentadas a dom Rodrigo. Viajando sozinho, a cavalo, acompanhado apenas de dois escravos também montados, o advogado cobria o percurso em dois dias. Em companhia das senhoras, com a tropa de burros que transportavam criadas, canastras de vestidos e tudo mais que mulheres costumam levar consigo, foram quatro os dias de viagem.

Vila Rica era a jóia da capitania. Setenta e muitos anos já passados, na região que os indígenas chamavam Tripuí, os paulistas Manoel Garcia, Antônio Dias e o padre Faria haviam encontrado, no leito de um ribeirão, ouro de coloração escura e de muito bom quilate. O ribeirão passou a ser conhecido pelo nome de Ouro Pre-

Alguns problemas que afligiam Portugal

A população portuguesa, depois da expulsão de mouros e judeus no século XV, era inferior a dois milhões de habitantes. Descontando-se os nobres e o grande número de religiosos para quem o trabalho mecânico era inaceitável, os velhos, crianças e inválidos, a população economicamente ativa era muito reduzida. Dessa, boa parte dos homens estava ausente, empregada nas navegações, ou emigrava para as colônias, principalmente depois da descoberta de ouro no Brasil. Além do problema populacional, Portugal vivia na dependência da Inglaterra, com a qual havia assinado o tratado de Methuen, pelo qual, em troca de proteção militar e da compra de vinhos portugueses, comprometera-se a não instalar indústrias e a importar da Inglaterra os produtos manufaturados de que necessitava.

O Aleijadinho

Antônio Francisco Lisboa (1730-1814), mesmo com os membros atrofiados por uma moléstia deformante, criou algumas das mais importantes obras de arte de Minas Gerais. Em pedra sabão ou madeira, esculpiu santos, pórticos e altares. É de sua autoria o imponente conjunto diante da Igreja de Bom Jesus de Matosinhos, em Congonhas, composto por monumentais estátuas de pedra representando os antigos Profetas e por 12 capelas em cujo interior imagens de madeira em tamanho natural encenam os Passos da Paixão.

Obra do Mestre Aleijadinho. Museu da Inconfidência, Ouro Preto.

to. Povoados surgiam, aventureiros chegavam em grande levas, fortunas foram ganhas. Houve também violência e crime. Os índios, escravizados para o trabalho nas minas, se extinguiram e foram substituídos por africanos.

Depois de derrotados na guerra contra os emboabas, foram-se os paulistas. Mas as minas continuaram a vomitar ouro. As diversas povoações nas encostas vizinhas ao ribeirão do Ouro Preto acabaram por formar uma só, sob o nome de Vila Rica. Esta foi tomando ares de cidade, com ladeiras calçadas de pedra, chafarizes, sobrados construídos com requinte, e muitas igrejas, cada qual mais rica, pois as irmandades punham todo seu empenho em suplantar as igrejas das irmandades rivais, aproveitando a habilidade do mulato Antônio Francisco, um pobre diabo feio e aleijado, filho de uma escrava e de um português, que transformava a madeira em imagens de santos e criava com a pedra local edifícios majestosos.

Os animais que transportavam os Silveira, já cansados da viagem, subiram penosamente as colinas sobre as quais se espalhava Vila Rica, por entre funcionários de casaca, negros de tabuleiros à cabeça, apregoando todo tipo de mercadoria, e tropas de mulas carregadas de cestos. Alvarenga, já instalado em casa de um amigo, havia reservado para eles acomodações numa hospedaria situada numa rua que descia da praça do palácio. Deram-lhes aposentos no andar superior, com janelas avarandadas de onde podiam olhar à vontade o movimento lá fora e ver ao longe a grande massa de pedra chamada Itacolomi, que se destacava na paisagem montanhosa.

Dona Josefa levou as filhas a venerar uma relíquia sagrada, um fragmento da cruz de Cristo em exposição na igreja da Ordem Terceira de São Francisco. Nos outros dias fizeram passeios e visitas, enquanto o doutor Silveira e Alvarenga cuidavam de negócios e do processo relativo à fazenda de Paraopeba. O governador deu-lhes ganho de causa, declarando válido o leilão, desde que, é claro, fossem pagos o preço acertado e todos os impostos em atraso.

Dom Rodrigo, filho do marquês de Marialva, era casado com dona Maria José, senhora elegante e culta, em cujos salões se reuniam os poetas; era a primeira vez que dona Josefa e as filhas entravam em contato com a nobreza do Reino e sentiram-se intimidadas ao ser-lhe apresentadas. Dona Maria José, muito simpática, convidou-as para o batizado de seu filho mais novo e Alvarenga aproveitou a festa para declamar seu poema, o "Canto Genetlíaco", que dedicou ao menino, como agradecimento pela solução do processo

O "Canto Genetlíaco" de Alvarenga Peixoto

"Bárbaros filhos destas brenhas duras,
nunca mais recordeis os males vossos;
revolvam-se no horror das sepulturas
dos primeiros avós os frios ossos:
que os heróis das mais altas cataduras
principiam a ser patrícios nossos;
e o vosso sangue, que esta terra ensopa,
já produz frutos do melhor da Europa.
(...)"

Igreja da Ordem Terceira de São Francisco em Vila Rica.

Cláudio Manuel da Costa

Nascido em Ribeirão do Carmo (atual Mariana), MG, em 1729, diplomou-se em Coimbra. Além de advogado de grande e rica clientela, possuía uma mina de ouro e uma próspera fazenda. Operava também como fornecedor de crédito. Era tímido por natureza – na adolescência pensou em ser padre – e de saúde frágil.

A seguir, trecho de seu poema épico "Vila Rica":

"(...)
Enfim serás cantada, Vila Rica,
Teu nome impresso nas memórias fica.
Terás a glória de ter dado o berço
A quem te faz girar pelo universo."

a seu favor. O poema, cantando as belezas e as glórias do Brasil, foi muito elogiado.

Estranhou-se que Bárbara comparecesse de braços dados com Alvarenga. Muitas senhoras protestaram que o governador não deveria admitir tal coisa, um mau exemplo para outras moças de família. Foram tantos os mexericos e censuras que Sua Excelência chamou o doutor Alvarenga e aconselhou-o a que, se desejava continuar sendo recebido no palácio e freqüentando a boa sociedade, marcasse logo o casamento, que ficou acertado para quando voltassem a São João d'El Rey.

À noite sempre havia algum convite para festas. As Silveira haviam sido apresentadas ao advogado e poeta Cláudio Manuel da Costa, já nos seus cinqüenta e poucos anos, o tal que havia atuado como defensor no caso da fazenda.

O doutor Cláudio costumava reunir as pessoas mais cultas da vila em saraus literários e musicais. Nessas ocasiões usava na lapela da casaca a comenda da Ordem de Cristo, seu grande orgulho, esquecendo-se de que só a conseguira depois de uma generosa doação em ouro. O refinado doutor era neto de um simples vendedor de óleo, e gente assim não costuma receber comendas.

Numa dessas noites doutor Cláudio declamou trechos do seu poema "Vila Rica", em que se contava a história da vila e da capitania, desde as primeiras descobertas.

Dona Josefa, que sempre conseguia se informar de tudo, cochichou:

— Quem vê o doutor Cláudio assim curvado e a queixar-se do reumatismo pensa que é muito velho. Mas qual o quê! Tem ainda uma amante, a Francisca, e a tal vive numa casinha que ele lhe arranjou aqui em Vila Rica. Eles têm duas filhas; uma casou-se com um moço modesto, lá de Mariana, e a menor vive com a mãe.

— Mas – perguntou Iria – se ele a ama há tanto tempo e a sustenta, por que não se casam?

— Não ficaria bem o doutor casar-se com a Francisca, uma mulata forra. Mas não precisava ser tão sovina, rico como é podia dar-lhes uma vida melhor e arranjar bom casamento para a pequena.

E passaram a comentar os trajes e as jóias das outras convidadas.

Em outra noite, no teatro, assistiram a uma peça de Alvarenga, *Enéias no Lácio*, já apresentada no Rio de Janeiro, com o patrocínio do vice-rei. Um senhor veio ao camarote dos Silveira. Era louro, suas maneiras eram aristocráticas; seu pai fora amigo do marquês de Pombal, o antigo primeiro-ministro. Recém-chegado

Casa de Ópera de Vila Rica.

Marquês de Pombal

Sebastião José de Carvalho e Mello, o marquês de Pombal, foi o maior estadista de Portugal na Era Moderna. Pode ser visto como um ditador duro e inflexível, mas também como o governante que extinguiu em seu país os vestígios do feudalismo. Combateu os privilégios dos nobres e das ordens religiosas e encorajou a indústria e o comércio. Em 1777, subindo ao trono dona Maria I, dominada pela Igreja e por uma claque de nobres, Pombal foi demitido do ministério e muitas de suas reformas foram anuladas.

Bugres

Uma das várias denominações dadas aos índios. Eram também chamados gentios e negros da terra.

da Bahia, era o ouvidor da vila e se chamava Tomás Antônio Gonzaga, filho de brasileiro, neto de irlandeses por parte de mãe, mas nascido e diplomado em Portugal. Além de magistrado era poeta, com obras publicadas, e, como tal, amigo de Alvarenga e do doutor Cláudio.

Dois dias antes de o doutor Silveira voltar a São João, o doutor Gonzaga ofereceu uma recepção em sua casa. As moças pouco se divertiram. Havia poucos rapazes, não se tocou música ou dançou. As senhoras, a um canto da sala, conversavam sobre jóias e vestidos e queixavam-se da preguiça dos escravos, enquanto os homens comentavam, apreensivos, as notícias que corriam.

Dom Rodrigo de Menezes, nomeado por três anos, terminava seu governo e seria substituído por dom Luiz da Cunha Menezes, no momento governador de Goiás, onde somente os índios o apreciavam. Sabe-se lá por quê, esse homem arrogante, ganancioso, que tanto desprezo sentia pelos brasileiros, fora bondoso com os bugres, talvez mesmo para provocar seus governados. Havia demitido dos cargos importantes todos os goianos para nomear seus amigos, que o seguiam a toda parte. Era corrupto e cercava-se de mulheres de vida irregular, que o acompanhavam até mesmo em sua tribuna na igreja, em grande algazarra, como num camarote da ópera, segundo se queixava o vigário de Vila Boa. Chegava a mandar raptar das casas de seus proprietários as escravas jovens e bonitas.

Tomou a palavra o hospedeiro do doutor Inácio Alvarenga, um empresário português, há tantos anos no Brasil que era quase um brasileiro. Seu nome era João Rodrigues de Macedo, solteiro e sem filhos. Seu sobrado, perto da ponte de São José, era o mais bonito da vila, com um mirante no topo e balaustradas de ferro nas janelas. Era contratante do imposto de entradas, cobrado sobre todas as mercadorias que entravam na capitania, mas como a crise econômica fizera cair a arrecadação de todos os impostos ainda devia muito dinheiro do contrato. Seus negócios incluíam também importação e exportação e uma empresa de crédito. Da qual Alvarenga era um dos devedores, assim como a maioria dos empresários e até o governo.

— Digam-me vosmecês se é possível um homem viver assim esfolado! Se pensam que a Coroa só explora os brasileiros, enganam-se. Nós, os portugueses que para cá viemos, para fa-

Vila Boa

Vila Boa de Goiás, capital da capitania de Goiás, antes Arraial de Sant'Anna, fundado por Bartolomeu Bueno da Silva, o Anhangüera. Bueno, em espanhol, significa "bom", e o nome da vila foi uma homenagem ao descobridor das minas goianas.

Residência de Rodrigues de Macedo em Vila Rica. Atual Casa dos Contos.

Cônego Luís Vieira

Nasceu em Minas Gerais em 1735. Ordenou-se no Seminário de Mariana, do qual se tornou professor de filosofia. Homem culto, orador afamado, possuía uma biblioteca, enorme para a época – cerca de 600 volumes, entre os quais muitos considerados subversivos. Era grande admirador da luta dos norte-americanos por sua independência. Sua adesão à Inconfidência Mineira se deu por motivos puramente ideológicos, pois não era homem de fortuna.

zer nossas fortunas, sem dúvida, mas também enriquecendo Portugal, somos encarados como galinhas dos ovos de ouro. Mas querem torcer nossos pescoços e, então, de onde haverão de tirar mais ovos? A Coroa pouco se importa com o bem de seus súditos, sejam eles lusos ou brasileiros. – Com o rosto afogueado, pegou um cálice de vinho do Porto, que engoliu de um só trago, e continuou. Tenho lá em casa hospedado o cônego Luiz Vieira, um sacerdote estudado, dono de muitos livros. Andou lendo-me alguma coisa sobre os Estados Unidos da América e lá, como aqui, os impostos se haviam tornado intoleráveis. E que fizeram os americanos? Declararam sua independência.

A vinda do governador Luiz da Cunha Menezes ameaçaria a fortuna desses ricos senhores presentes à recepção de Gonzaga, vários deles contratantes. Portugal, em lugar de enviar e pagar funcionários, preferia *arrematar* os cargos de fiscais dos impostos, isto é, os fiscais compravam os cargos, e a isso chamavam *contrato*. Então os fiscais podiam conservar para si parte da renda dos impostos. Essa parte era apreciável nos bons tempos, superando, e muito, o valor do contrato; era a paga dos contratantes pelo seu trabalho na fiscalização e cobrança. Mas, como a produção de ouro havia caído à metade, e com ela todos os tributos, não tinham conseguido pagar o valor da arrematação e deviam, todos eles, uma fortuna ao Tesouro Real.

O problema era muito delicado. Não era segredo para ninguém que esses contratantes, para compensar a queda nos lucros, costumavam fechar os olhos ao contrabando de ouro, diamantes e mercadorias, em troca de uma contribuição oferecida pelos contrabandistas. Até oficiais e soldados do Regimento dos Dragões, que deveriam patrulhar as fronteiras, participavam do *negócio*. Ninguém se sentia muito culpado por desviar da Coroa ouro e dinheiro do Brasil, produzido por brasileiros. Mas, dizia-se, dom Luiz e seus asseclas costumavam perseguir os sonegadores e guardar para si as propinas.

Tudo isso foi deixado de lado por algum tempo. Ainda não fora marcada a data para a posse do novo governador e muito mais importante agora era cuidar do casamento de Bárbara.

Finalmente Casada

Padre Toledo

O padre Carlos Correia de Melo Toledo pertencia à família dos Toledo Piza e nasceu em Taubaté, SP. Vigário em São José do Rio das Mortes, rico senhor de terras e escravos, dono de lavras de ouro e de um engenho de açúcar, mantinha uma indústria de tecidos em sua fazenda – clandestina, já que a atividade era proibida pela Coroa. Homem culto, possuía boa biblioteca e mantinha um músico permanente em sua casa. Era extremamente ambicioso, um daqueles de quem dizia o secretário da Marinha e Domínios Ultramarinos que com "insuportáveis e forçadas contribuições debaixo do pretexto de direitos paroquiais (...) obrigavam e obrigam aos seus freguezes (paroquianos) a lhes contribuir". Era dos maiores amigos de Alvarenga Peixoto.

O casamento foi celebrado de maneira discreta, na capela particular dos Silveira. O padre Carlos Correia de Melo Toledo, um dos inumeráveis amigos de Alvarenga, veio de São José do Rio das Mortes, onde era vigário, para celebrar a cerimônia. Até porque a inimizade do vigário Villasboas pelo doutor Silveira e por Alvarenga aumentara desde que perdera a questão no caso da fazenda.

O advogado chorou ao entregar ao noivo, com um suspiro de alívio, sua filha mais velha, em cujo pescoço colocara um diamante. Alvarenga era estróina, leviano e esbanjador, mas tinha bom coração. Melhor ver a filha casada que sofrendo vexames, pensava; Bárbara e a pequena Maria Efigênia passariam a ser respeitadas como mereciam.

Em voz baixa, ao abraçá-lo, disse ao genro:

— Juízo, rapaz, de hoje em diante és um homem casado.

Seguiu-se um jantar para os poucos convidados. À mesa principal sentaram-se os mais importantes. O padre Toledo havia trazido em sua companhia seu sócio e amigo Correia de Pamplona, grande proprietário de terras; sua Fazenda do Mendanha era afamada pelo luxo. Era casado com uma mulata, mas, como não costumava levá-la às festas, dona Josefa recebeu-o de bom grado. O padre e seu amigo tinham novidades a contar.

No arraial de Tamanduá, não muito distante de São José e que Toledo considerava parte de sua paróquia, um padre havia construído uma capela de taipa, coberta de capim, pois o povo, muito pobre, não podia pagar por telhas de barro. Ouro foi encontrado, o arraial se tornou vila, a capelinha foi substituída por uma igreja e recebeu o título de paróquia. E, o que incomodava o padre Toledo, os moradores, agora ricos, faziam generosas doações. Como se atrevia o povo de Tamanduá a criar uma paróquia independente à qual pagavam os dízimos da Igreja devidos a ele, Toledo? Pretendia ocupar o arraial e exigir seus direitos. Enquanto isso, Correia de Pamplona, que ia a Vila Rica expor ao governador os planos de uma expedição contra índios caiapó que ameaçavam os mercadores no caminho de Paracatu, pediria a Sua Excelência que apoiasse o amigo no caso de Tamanduá.

E puseram-se todos a falar da expedição, sugerindo a Pamplona que aproveitasse para combater também a insolência de escravos fugi-

Os Caiapó

Os índios caiapó habitavam o Triângulo Mineiro e os sertões de Cuiabá e Goiás. Revoltados com a invasão de seu território e a escravização de sua gente, tornaram-se uma das tribos mais ferozes do Brasil. Para combatê-los foi contratado Antônio Pires de Campos, cujos métodos excessivamente sanguinários horrorizaram até mesmo seus contemporâneos. Atraiu a tribo dos bororo, inimigos tradicionais dos caiapó, e os transformou num exército disciplinado que usava em expedições punitivas. Os caiapó foram dizimados, esquartejados ou escravizados. Os sobreviventes se ocultaram na selva; alguns poucos continuaram a errar por Goiás e Minas, atacando esporadicamente viajantes e fazendeiros.

Quilombos

Eram acampamentos de escravos fugidos. Alguns não passavam de uma ou duas dezenas de habitantes; outros abrigavam milhares, como o Quilombo de Palmares, que resistiu por mais de sessenta anos.

Bartolomeu Bueno do Prado

Era filho de Domingos Rodrigues do Prado – bandeirante a quem os antigos cronistas aplicavam os adjetivos feroz, audaz, sanguinário, violento – e neto de Bartolomeu Bueno da Silva, o Anhangüera. Destruiu com grande crueldade o Quilombo do Ambrósio, em Minas Gerais.

dos que, protegidos pelos bugres, haviam fundado um quilombo naquela área. Que seria deles, donos de terras, se os negros continuassem a fugir de seus senhores legítimos, que tão caro haviam pago por eles?

Dona Josefa benzeu-se. O simples som da palavra quilombo metia-lhe medo. Lembrança de tempos passados, na época do nascimento de Bárbara, quando negros fugidos do trabalho nas minas, reunidos em várias aldeias que formavam o Quilombo do Ambrósio, a alguns dias de marcha de São João d'El Rey, atemorizavam os viajantes e ameaçavam atacar as vilas e matar todos os brancos. O governador de então contratou Bartolomeu Bueno do Prado, neto do Anhangüera, para combatê-los e instalou-se em São João para acompanhar de perto os acontecimentos. Bueno do Prado, depois de alguns meses de campanha, destruindo aldeias, torturando prisioneiros, voltou vitorioso. Os que não quiseram se render foram executados, e suas orelhas cortadas. Houve gente que jurou ter visto muitas orelhas que Prado trouxera, salgadas, numa barrica, como prova do seu sucesso.

— Senhor Pamplona, faça como meu primo, traga esses negros debaixo de chicote e haveremos de marcar todos eles a ferro.

O assunto foi abandonado com a chegada dos doces. Fizeram-se os brindes de praxe, até que o noivo gritou:

— Chega de discursos e sonetos. A dançar, minha gente! Ou não vêem as caras murchas das senhoras e senhorinhas, cansadas de conversa e com os lindos pezinhos aflitos para aproveitar a presença dos músicos? – Arrastou a sogra pela mão e começou a dar voltas ao som da flauta e da rabeca.

Dona Josefa não pôde deixar de sorrir. Ninguém conseguia resistir a Inácio.

Fazenda do Mendanha, de propriedade de Correia de Pamplona.

Bárbara Bela

"Bárbara bela,
Do Norte estrela,
Que o meu destino
Sabes guiar,
De ti ausente,
Triste somente
As horas passo
A suspirar.
Isto é castigo
Que Amor me dá.

Por entre as penhas
De incultas brenhas
Cansa-me a vista
De te buscar;
Porém não vejo
Mais que o desejo,
Sem esperança
De te encontrar.
Isto é castigo
Que Amor me dá.
(...)"

Alvarenga Peixoto

Bárbara Bela

Durou pouco a alegria de Bárbara. O namorado gentil, sempre a lhe escrever versos de amor, revelou-se um marido ausente. Vivia a viajar, com o pretexto de inspecionar suas fazendas. Finda a ronda, em vez de voltar para casa, onde mais um filho era esperado, ia visitar os amigos de Vila Rica. Nem sempre se lembrava de enviar dinheiro para as despesas e Bárbara vendia alguma jóia ou recorria aos amigos. Não tinha coragem de pedir ajuda aos pais porque dona Josefa, que alugara ao genro alguns escravos para trabalhar na lavoura, jamais havia visto a cor do dinheiro e andava enfurecida com o calote.

Poemas, porém, chegavam regularmente. Num deles, dirigido a "Bárbara Bela, do Norte Estrela", queixava-se Alvarenga da distância que os separava. A pobre senhora, com credores diariamente à sua porta, às vezes chegava a desejar que se tivesse casado com algum rude e honesto fazendeiro.

Porém, ao chegar o marido, era tudo logo esquecido diante dos ricos presentes e no tumulto de jantares, amigos e saraus literários. A grande casa assobradada se tornava um lugar animado. Bárbara fazia votos de que chegasse a bom resultado ao menos um dos fabulosos projetos que Alvarenga vivia formando desde que o conhecera: aquisição de novas terras, uma lavra que ainda renderia muito ouro, plantar café na fazenda da Boa Vista, comprar negrinhas para casar com seus escravos e assim se livrar da importação...

Havia decidido abandonar a magistratura. Queria ser apenas empresário, ainda cobriria de ouro a sua Bárbara Bela. Esta preferiria que o marido continuasse no cargo de ouvidor. Sempre seria um salário garantido, pensava. Sonetos e projetos grandiosos não pagam contas.

Então, cansado de falar em negócios, Alvarenga, que conhecia todo mundo na capitania e sempre sabia das novidades, passava às notícias de Vila Rica. E novidades era o que não faltava desde que, finalmente, chegara o novo governador.

Era muito pior do que o esperado. Além da corja que veio com ele, ligou-se aos tipos mais escusos de Minas. Um desses tipos chamava-se Joaquim Silvério dos Reis; havia arrematado o cargo de coletor do imposto de entradas, deixado vago por Rodrigues de

Joaquim Silvério dos Reis, um homem de má fama

Português de Leiria, veio para o Brasil em torno de 1776, ainda jovem. Fez rápida fortuna por métodos muitas vezes escusos, como comprova o seguinte comentário do procurador da Fazenda: "O dolo e a fraude desse contratante [Silvério] é (*sic*) conhecido desde 12 de agosto de 1784..." Um trecho de uma carta de Silvério dos Reis ao seu procurador, preservada na Biblioteca Nacional, é também elucidativo a respeito de seu caráter: "Não me vexe ninguém e violência só se deve fazer quando a dívida tem risco."

Macedo. Também fornecia crédito a particulares, mas, como estava difícil cobrar à população endividada, conseguiu de dom Luiz da Cunha Menezes que o nomeasse coronel. Armou em seguida uma tropa com que atemorizava os devedores. Um outro, Brito Malheiros, era contrabandista de diamantes, todos sabiam disso, e dom Luiz dava-lhe cobertura. Havia ainda um tal Souza Lobo, nomeado sargento-mor do Regimento dos Dragões do Distrito Diamantino, e os três patifes, associados, enchiam os bolsos, sem se esquecer de reservar a parte do governador.

Uma característica de dom Luiz era destinar as negociatas a portugueses apenas; contraventores brasileiros eram afastados e punidos. Para facilitar ainda mais o tráfico, demitiu do comando vários Dragões e nomeou gente de sua confiança para patrulhar as estradas. Diziam até que o alferes Silva Xavier, um dos rebaixados, espalhava aos quatro ventos que ainda haveria de organizar uma revolução contra o tirano. Espias correram a avisar Sua Excelência, que não levou a sério a ameaça.

— Qual! Esse alferes não passa de um mariola.

— Ouvi dizer que anda pelas casas, a fazer papel de dentista – comentou o ajudante de ordens, cuja túnica reluzia em ouro e medalhas.

— É verdade – acrescentou um funcionário que ouvia a conversa. O Xavier aumenta sua renda fazendo dentes de osso para substituir os estragados que arranca. O povo, em vez de chamá-lo pelo título de alferes a que tem direito, o chama Tiradentes.

— Pois da próxima vez em que me doer um dente – concluiu o governador – não deixarei de testar a habilidade do alferes.

Alvarenga não estivera presente, seis anos atrás, ao nascimento de Maria Ifigênia, para evitar que o escândalo fosse ainda maior. Agora que estava casado, teve o direito de ficar andando nervoso pela sala até que a parteira anunciasse a chegada de Tristão Antônio. Um menino! Tristão estudaria em Coimbra como o pai. Tristão seria um belo rapaz e ganharia o amor de uma princesa, como o Tristão da lenda, que conquistara a formosa Isolda.

— Cruz credo! – dizia a avó do recém-nascido. Na lenda os amantes morrem no fim. Prefiro que o nome Antônio seja mais forte e que ele seja santo.

Findas as festas do batizado – Rodrigues de Macedo foi o padrinho – lá se foi Alvarenga. Antes de partir teve uma conversa com um comerciante a quem devia já uma pequena fortuna. Não se preocupasse ele com o pagamento. A cana-de-açúcar estava viçosa e logo o engenho estaria produzindo, ouro haveria de brotar de suas lavras. Podia continuar fornecendo a dona Bárbara tudo de que ela necessitasse, e acrescentasse os juros usuais.

No dia seguinte Bárbara contou a Iria que, ao arrumar a escrivaninha após a partida do marido, havia encontrado o rascunho de uma carta; não conseguira resistir à curiosidade e lera as palavras dirigidas a alguém que cobrava dívidas atrasadas: "Só por milagre me poderá achar ouro na mão, que me quer tanto mal este maldito, que fez voto de nunca morar comigo."

E mostrou a Iria a gaveta em que se empilhavam cartas de cobrança vindas de toda a capitania e até dos credores portugueses.

Marília e Dirceu

No ano seguinte, 1786, grandes festas foram programadas em Vila Rica. O herdeiro do trono, dom João, casava-se em Lisboa com uma princesa espanhola, dona Carlota Joaquina. A mãe do noivo, a rainha dona Maria I, ordenava celebrações em todos os seus domínios. Dom Luiz da Cunha Menezes, além de uma missa solene, ofereceria luminárias, fogos de artifício, uma ópera e cavalhadas. Alvarenga conseguira convites para si e para os Silveira.

Bárbara deixou as crianças aos cuidados da ama e das tias. E, levando vestidos novos nas canastras, lá se foram dona Josefa, Iria, que aos dezoito anos era uma linda moça, e Maria Inácia, já esquecida do namorado que tanto havia desgostado a família anos atrás.

Faltando poucos dias para as bodas, Vila Rica se entregava já aos festejos. As casas situadas nas vizinhanças do palácio tinham as janelas enfeitadas por colchas de seda e damasco, bordadas de todas as cores e encomendadas especialmente para a ocasião. Postes sustentavam estandartes com os brasões dos Bragança, família do noivo, e dos Bourbon, reis da Espanha. As hospedarias já não tinham como acomodar mais ninguém e sorte tiveram os Silveira, para quem Alvarenga conseguira alojamento em casa de conhecidos. Ele e Bárbara ficariam na casa do amigo e compadre Rodrigues de Macedo.

Recepções se sucediam, quase que todas as noites; à tarde amigas se reuniam para chá e conversas.

Quanta coisa acontecera desde que ali haviam estado pela última vez. Entre as senhoras o assunto era um só, os amores do doutor Gonzaga, que, apesar dos seus quarenta anos de idade, estava apaixonado por uma linda mocinha de cabelos negros, Maria Dorotéia, três anos mais nova que Iria, com idade, portanto, para ser sua filha. Dedicava-lhe versos em que a chamava Marília. Achando que não ficava bem a um homem de sua posição publicar versos de amor, assinava-os com o pseudônimo Dirceu. Nos poemas, Dirceu era um apaixonado pastor que, enquanto vigiava as ovelhas, tecia grinaldas de flores para sua adorada Marília.

O ouvidor quarentão chegara a desafiar o governador em defesa do pai de sua amada, demitido do cargo de sargento-mor para dar lugar a Souza Lobo.

Comentavam as comadres que, embora o doutor Gonzaga não possuísse grande fortuna, seria um ótimo casamento assim mesmo. Um homem tão bem relacionado, culto e competente certa-

Cavalhadas

Muito populares no Brasil colonial, consistiam na encenação de uma batalha entre mouros e cristãos, os participantes montados a cavalo e armados de lanças, à maneira dos torneios medievais. As cavalhadas ainda são preservadas em algumas cidades do interior; as da cidade de Pirenópolis, GO, atraem muitos turistas anualmente.

Cena de uma cavalhada.
Até hoje as cavalhadas são tradicionais em Pirenópolis, Goiás.

Marília de Dirceu

Maria Dorotéia Joaquina de Seixas, a Marília de Dirceu, órfã de mãe, vivia em Vila Rica em casa de um tio, alto funcionário no governo do visconde de Barbacena. Era filha do comandante de uma tropa encarregada de coibir o contrabando de diamantes; o governador Cunha Menezes demitiu-o em favor de um seu protegido que recebia dinheiro do garimpo ilegal. Gonzaga foi preso poucos dias antes da data marcada para o casamento.

Alguns versos de Dirceu à sua Marília:

"Ornemos nossas testas com as flores,
e façamos de feno um brando leito;
prendamo-nos, Marília, em laço estreito,
gozemos do prazer de sãos amores."

mente chegaria às mais altas posições. Poderia mesmo, quem sabe, ser nomeado para algum cargo em Lisboa e Maria Dorotéia teria a oportunidade de conhecer a Europa.

Esses eram mexericos femininos. Em casa de Rodrigues de Macedo falava-se de desentendimentos mais sérios entre o doutor Gonzaga e dom Luiz. Gonzaga, ainda em Portugal, quando lá começava a carreira de magistrado, havia escrito um tratado sobre sistemas de governo. Considerava a democracia perigosa porque podia levar ao poder homens despreparados, enquanto os reis, desde o nascimento, aprendiam a arte de governar. Era dever do povo obedecê-los. Em troca, os reis e seus representantes prestariam contas a Deus dos seus atos e deviam governar em benefício do povo, e não em benefício próprio. Mas governar em benefício próprio era exatamente o que fazia Cunha Menezes, e Gonzaga o enfrentava freqüentemente. No caso de Brito Malheiros, por exemplo, culpado de um crime de morte, dom Luiz mandara soltá-lo, mas Gonzaga ainda se esforçava para obter sua condenação. Souza Lobo era também assassino, sabia-se que havia mandado matar um homem que ameaçava enviar à Corte provas do seu envolvimento no contrabando de diamantes; não era apenas a questão do posto do pai de Maria Dorotéia que aborrecia o doutor Gonzaga.

Tinham sido tantas as queixas contra a corrupção reinante que foi enviado do Rio de Janeiro o desembargador português Cruz e Silva para investigar.

— Para encurtar a história, nosso ouvidor e Sua Excelência estão brigados, praticamente não se falam – acrescentou o doutor Cláudio, que havia sido demitido por dom Luiz do cargo de Secretário do Governo. Outro amigo nosso, o padre Rolim, também se desentendeu com dom Luiz e foi expulso da capitania.

O cônego Luiz Vieira, um dos presentes, atalhou logo:

— No caso de Rolim, até que o governador teve suas razões. Não é porque também sou padre, e amigo dele, que vou considerá-lo inocente. Afinal, Rolim é o maior contrabandista de pedras destas bandas.

Cláudio Manuel da Costa retomou a palavra:

— Com isso nosso governador matou dois coelhos com um tiro só. Exibiu serviço ao desembargador e ainda livrou o amigo Malheiros de seu maior concorrente. Sem Rolim por perto, o Malheiros tem o campo desimpedido.

— E com quem ficou a Quitéria? Rolim a levou com ele ou a belezura está livre para quem quiser se habilitar? – perguntou logo um brincalhão. Todos caíram na risada, e a conversa tomou rumo mais leve.

Passaram a falar de antigas histórias, ainda vivas na lembrança de muitos. Quando o futuro padre nasceu, uma escrava de seu pai teve uma filha na mesma época e foi escolhida ama de leite do menino. A escravinha, Chica, cresceu, tornou-se uma mulher atraente. Primeiro foi amante de um médico; depois um rico português, con-

Chica da Silva

Embora amasiada com o médico português Manuel Pires Sardinha, de quem teve três filhos, e, depois, com o contratante João Fernandes de Oliveira, a quem deu várias filhas, Chica da Silva não era a devassa que se crê popularmente. Era filha de uma escrava de José da Silva e Oliveira, pai do padre José da Silva e Oliveira Rolim, de quem Chica foi irmã de leite. A pedido do sócio João Fernandes de Oliveira, o dono lhe concedeu a alforria. Os filhos de Chica e Sardinha estudaram em Portugal, patrocinados por Fernandes de Oliveira; o mais velho, Simão Pires Sardinha, cursou filosofia em Roma, era botânico e mineralogista. Chica da Silva sabia ler e escrever e tinha ótima letra, o que leva a crer que recebeu educação esmerada.

tratante dos diamantes, caiu de amores por ela e levou-a para sua casa. Fazia-lhe todas as vontades, comprava-lhe jóias e vestidos, construiu para ela um palácio. Chica sentia desejos de navegar. Mas como, ali tão longe do mar? Tanto insistiu que o amante fez construir um lago e um navio.

— A negra era atrevida – lembrou um senhor idoso – as senhoras brancas que lhe torciam o nariz tiveram todas que aceitá-la, já que os maridos, em seus negócios, dependiam do contratante e beijavam a mão da negra como se ela fosse pessoa da sociedade. E as filhas da Chica foram educadas num convento de freiras, como sinhazinhas.

Quitéria, amante de Oliveira Rolim, a "belezura" de quem falava o convidado brincalhão, era uma dessas filhas.

Contou outro conviva: — O tal contratante, um João Fernandes de Oliveira, o maganão, depois de viver feliz com a Chica durante alguns anos, embarcou com baús repletos de diamantes e barras de ouro e deixou a escrava, forra, no Brasil. Lá em sua terra casou-se com uma viúva ainda mais rica do que ele. Há homens que sabem viver!... Dizem que a Chica vive confortavelmente com os bens que lhe deixou o português.

— E ninguém se meta com a Quitéria, – advertiu alguém – é mais séria do que muita senhora casada que conheço, muito recatada, vive cuidando da casa e dos filhos que tem com o Rolim.

No dia da festa oficial a Matriz resplandecia em ouro, tanto nos altares como nas jóias das mulheres. Ouro brilhava nas dragonas dos oficiais que escoltavam o governador e nos paramentos do bispo. Depois da missa, acompanhada por coro e orquestra, e do longo sermão, todos rezaram pela felicidade do novo casal, representado por retratos, e para que Deus lhes concedesse sabedoria para bem dirigir os povos sobre os quais haveriam de reinar um dia.

Seguiram-se três dias de cavalhadas e corridas de touros. Sobre um palanque sentavam-se o governador, sua comitiva e as senhoras. Os senhores mantinham-se de pé ao fundo. O povo espalhava-se em volta do terreiro. Iria e Maria Inácia não tiravam os olhos dos oficiais, entre os quais se destacava pelo porte elegante Francisco de Paula Freire de Andrade, filho do conde de Bobadela – filho ilegítimo, é verdade, enjeitado pela mãe, também uma dama da nobreza, na porta da casa do pai – e, infelizmente no entender das moças, casado.

D. João VI

Carlota Joaquina

As belas irmãs Silveira

"Às senhoras dona Bárbara Eliodora Guilhermina da Silveira, dona Maria Inácia Policena da Silveira e dona Iria Claudiana Umbelina da Silveira

Absorto entre as três deusas duvidava
Páris a qual o pomo entregava:
Sem véu, as perfeições de todas via
E quanto mais via, mais vacilava.
(...)
Ah! Se igual entre vós lide se vira
O mesmo Páris, cheio de incerteza,
Nunca a grande contenda decidira."

Cruz e Silva

As jovens Silveira foram apresentadas ao desembargador Cruz e Silva, conhecido de Alvarenga desde os tempos de Coimbra. O lusitano, que era também poeta, pareceu muito impressionado com a beleza das irmãs e, no dia seguinte, durante um baile, pediu a palavra:

— Excelentíssimo doutor Silveira, peço-lhe permissão para oferecer às suas estimadas filhas as rimas despretensiosas que me foram inspiradas por sua formosura.

E se pôs a declamar, enquanto todos os olhares se voltavam para elas.

Encabulada, Iria mal ouviu o soneto, que as comparava às deusas da Grécia. Já Bárbara, acostumada a receber versos de Alvarenga e a respondê-los no mesmo tom, deliciava-se com a homenagem. Maria Inácia esticava discretamente o olhar, tentando perceber a reação de um certo oficial português chamado Dias Coelho.

Bárbara morria de saudades do pequeno Tristão e não admitia passar longe de Maria Ifigênia o dia de seus sete anos. Doutor Silveira queria voltar aos negócios e dona Josefa suspirava por um descanso. Hora de arrumar as canastras e empreender a viagem de regresso.

Tempos Difíceis

De volta a São João d'El Rey, por algum tempo as conversas em casa dos Silveira giraram em torno das festas e prazeres de Vila Rica. Logo outros assuntos mais sérios passaram a ocupá-los. A velha avó, dona Mariana, definhava, exigindo cuidados permanentes. Teresa, criada por eles desde que perdera os pais aos três anos de idade, morreu ao dar à luz o primeiro filho. O pobre órfão, débil e prematuro, viveu apenas alguns dias.

Doutor Silveira e dona Josefa tiveram o mesmo pensamento: o viúvo Matias era homem maduro e de posses e já se mostrara um bom marido; era o casamento ideal para Iria.

Em suas conversas noturnas, ambos de camisola, ela usando touca rendada, o velho casal queixava-se de como é difícil cuidar de filhas mulheres. Para a gente do interior é fácil, diziam. Mantêm as jovens numa dependência interna da casa, afastadas dos olhares de estranhos, não permitem que falem com homens que não sejam seus parentes ou padrinhos e, quando chega a idade certa, arranjam-lhes um noivo entre as famílias conhecidas. Mas nas cidades do ouro os costumes eram mais frouxos, moças de família apareciam em público, freqüentavam recepções e até mesmo o teatro, expondo-se aos olhos de todos.

Graças a Deus, as filhas Francisca e Joaquina estavam casadas, dispensando vigilância paterna. O escândalo de Bárbara estava, felizmente, esquecido. Ana, que jamais se recuperara de uma desilusão amorosa do passado, certamente continuaria solteira; aproximava-se dos trinta anos e, se até agora não casara, provavelmente não o faria nunca. Mariana contava só doze anos, ainda cedo para se preocuparem.

Mas Maria Inácia, que aos dezoito anos já lhes criara tantos problemas namorando escandalosamente o escrivão da ouvidoria, merecendo censuras públicas do azedo vigário Villasboas, agora, aos vinte e três, com uma reputação arranhada, recebia bilhetes daquele oficialzinho arrogante que conhecera em Vila Rica.

Esse Dias Coelho, tenente no Regimento dos Dragões, conseguiu que o indicassem para uma missão em São João d'El Rey e exibia sua farda sob as janelas dos Silveira várias vezes por dia, despertando comentários. Aproximou-se de Alvarenga oferecendo-lhe parceria em negócios. Negócios, promessas de lucro rápido, eram isca que o ex-ouvidor, recentemente nomeado coronel de um regimento auxiliar, jamais deixava de morder, e o rapaz, na qualidade de sócio, aparecia em visita com maior fre-

Soldados do Regimento dos Dragões.

qüência do que seria do agrado do doutor Silveira, que tentou impedir o namoro.

As mucamas, como sempre, tomaram o partido do casal e acobertavam os encontros. Maria Inácia, apaixonada, pediu à velha Lourença, que conhecia feitiços da sua África natal, que lhe ensinasse as ervas e rezas que prendiam o coração de um homem.

Dona Josefa suspirou: — Vou fazer uma novena à Senhora do Pilar. Só mesmo a Virgem para botar juízo naquela doida.

A Senhora do Pilar nada fez e Maria Inácia deu à luz um menino, entregue em adoção ao coronel Oliveira Lopes, fazendeiro amigo cuja mulher, dona Hipólita, não podia ter filhos.

O aspirante de cavalaria José Inácio da Silveira Bueno, irmão da moça, foi impedido pelo pai de bater-se em duelo com Dias Coelho. O coronel Alvarenga, esquecido de que um dia agira da mesma forma, chamou de pulha o Dragão, à vista de todos, ameaçou chicoteá-lo e provocou mais um falatório na vila. O tenente, jurando que um dia haveria de vingar-se, foi intimado a sumir de São João d'El Rey. Abandonou os negócios pela metade, causando novos prejuízos a Alvarenga, que foi a Vila Rica para tentar prorrogar uma dívida que tinha com Silvério dos Reis, mais de um conto de réis.

Os Oliveira Lopes e a Inconfidência

A família Oliveira Lopes foi a mais implicada na Inconfidência. O coronel Francisco Antônio e seu irmão, o padre José Lopes de Oliveira, ambos condenados ao degredo, eram irmãos de Ana Quitéria Joaquina, mãe da noiva de Silvério dos Reis. O pai de Francisco Antônio, por seu segundo casamento, foi pai dos Dias de Sá, com participação discreta na conspiração e deixados em paz depois de interrogados. Uma irmã desses era casada com o rico fazendeiro Aires Gomes, também degredado. Domingos Vidal de Barbosa Laje, que estudara medicina na França, portador da notícia de que comerciantes franceses estavam dispostos a enviar reforços caso a rebelião se concretizasse, era primo dos Oliveira Lopes e morreu no degredo.

Voltou da capital cheio de novidades. Conseguira pagar – contraindo para isso mais uma dívida com Rodrigues de Macedo – apenas os juros, deixando para depois o principal. O desembargador Cruz e Silva, terminado o inquérito, tinha partido para Lisboa com um relatório. Gonzaga e Luiz da Cunha Menezes continuavam em desacordo.

Se dom Luiz detinha o poder, Gonzaga tinha talento. Corriam de mão em mão as "Cartas Chilenas", poemas anônimos que retratavam o chefe do governo, sob o nome de Fanfarrão Minésio, como tirano debochado e ridículo. Além do governador, tanto a sociedade como os altos funcionários eram retratados sem dó. Em Vila Rica não se falava em outra coisa e era o grande passatempo tentar identificar os personagens que se escondiam sob nomes fictícios.

Todos sabiam que Gonzaga era o autor das "Cartas", supostamente escritas por Critilo, habitante do Chile, e dirigidas a um imaginário Doroteu; como não havia provas, o governador não podia punir o poeta. Mas não deixou de se vingar: demitiu Gonzaga de algumas funções e em seu lugar nomeou Silvério dos Reis, inimigo do ouvidor, credor de Alvarenga e de muitos outros mas devedor da Fazenda Real, criticado nas "Cartas" com o nome de Silvânio.

Talento versus tirania: as "Cartas Chilenas" de Tomás Antonio Gonzaga

A respeito da vida pessoal do governador:

"(...)
Apenas, Doroteu, a noite chega,
Ninguém andar já pode sem cautela,
Nos sujos corredores de Palácio.
Uns batem com os peitos noutros peitos;
Uns quebram as testas noutras testas;
Qual leva um encontrão que o vira em [roda;
E qual por defender a cara, fura
Com os dedos, que estende, incautos [olhos.
(...)
Não temas, Doroteu, que não é nada,
Não são ladrões que ofendem, são [donzelas,
Que buscam aos devotos, que costumam
Fazer de quando em quando sua [esmola."

Dom Luiz estava prestes a completar seus três anos de governo e aguardava a nomeação do substituto. Sabendo que devia partir em breve, se apressava em cometer mais falcatruas. Os brasileiros enfrentavam dificuldades, mas os altos funcionários portugueses sempre regressavam ricos à pátria.

Infelizmente perderiam o prazer da companhia de Gonzaga, que também devia deixar Vila Rica, nomeado para um cargo na Bahia. Aguardava apenas seu casamento com Maria Dorotéia para seguir viagem. Tardava o consentimento da Corte, e altos funcionários não podiam casar sem essa permissão.

— E, acreditem se quiserem, enquanto espera pelo grande dia, borda ele mesmo, com fios de ouro, o vestido da noiva. Paixão como esta jamais se viu.

Alvarenga leu em voz alta para a família a cópia de um trecho das "Cartas". Um certo Floridoro ("Eu mesmo," explicou "numa alusão a ti, Bárbara, pois teu segundo nome é o de uma flor") era descrito reclinado em uma poltrona, os filhos brincando ao seu redor.

— E, presta atenção, esta é a parte que mais nos interessa, ao lado, sorrindo, a mãe formosa. Vê, tu és mãe formosa, embora ninguém precise de versos de Gonzaga para perceber isso.

Casa de Tomás Gonzaga, em Vila Rica.

E partiu novamente, prometendo voltar em breve, quando nascesse o filho que Bárbara esperava.

O menino nasceu antes do tempo, muito fraco, sua vida estava por um fio. Mandaram chamar às pressas o pai que, pela madrugada, apeou do cavalo e foi recebido por uma criada chorosa.

— Inda bem qui nhonhô chegô, sinhazinha sofreu muito i num cansa de preguntá qui hora qui nhonhô chega. U minino é tão fraquinho qui inté dá dó... percisa batizá logo sinão...

Afastou-a do caminho e entrou precipitado no quarto. Bastou-lhe um olhar ao menino para perceber que o perigo era real, era mesmo preciso apressar o batizado. E então surgiu o problema. Alvarenga exigia que a cerimônia fosse oficiada por seu amigo Toledo, lá em São José, não admitia interferência do vigário Villasboas. Ordenou a uma escrava que agasalhasse bem o recém-nascido e que preparassem um cesto acolchoado para transportá-lo sobre o lombo de um burro. Seriam umas duas horas de viagem, levaria junto a ama de leite, logo estariam de volta com o novo cristão. Bárbara e dona Josefa achavam que era absurdo arriscar a criança, só por causa de velhas desavenças. Trocaram-se palavras ásperas.

Tudo correu bem, João Eleutério sobreviveu, mas Bárbara não perdoava o marido.

Além desse, outros problemas enfrentou Alvarenga. Seu criado particular se demitira, cansado de esperar pelos salários em atraso. O mesmo fez o administrador da fazenda de Paraopeba. Mas, ao contrário do criado, que até pagou do próprio bolso algumas dívidas miúdas do patrão, saqueou a fazenda, levando utensílios agrícolas, peças do engenho, pratarias da casa-grande e o mais que pôde.

— Ouve, Bárbara, que achas de entregarmos a administração da fazenda a teu irmão José Maria? – Conversavam no quarto, enquanto Bárbara ninava João Eleutério. Do salão vinham os sons de Maria Ifigênia tocando espineta e do professor de música a ralhar com a menina, que não estudara direito a lição.

Bárbara chamou a ama, entregou-lhe a criança e disse que a deixasse a sós com o patrão. Já vinha seriamente aborrecida com o marido desde que, por uma questão de birra, pusera em perigo a vida do filho.

Espineta.

— Às vezes penso que me casei com um louco. Sabes bem quantos desgostos ele tem causado a papai, sabes que jamais teve juízo e que gasta em farras todo dinheiro que lhe cai nas mãos. Queres acabar de arruinar-nos?

— Minha doce Bárbara, José Maria nada tem feito porque não lhe dão a oportunidade. Tenho certeza de que jamais fará qualquer coisa que nos prejudique. A fazenda não pode é ficar sem alguém que supervisione a construção dos novos engenhos. Já comprei três negros carpinteiros que estão lá parados, à espera de quem lhes dê as ordens. Sabes que não posso ficar definitivamente em um único lugar, tenho coisas a resolver em toda parte.

Bárbara queixou-se de que já nem sabia o que dizer aos comerciantes que ameaçavam cessar o fornecimento de mantimentos e jogou sobre o leito as várias cartas de cobrança guardadas na gaveta. Foi uma discussão amarga e Alvarenga partiu antes do previsto, sem ao menos um beijo de despedida. Ao receber aviso de Bárbara de que a avó, dona Mariana, havia morrido, mandou-lhe apenas uma soma em dinheiro, sabe-se lá onde o tinha arranjado, ordenando-lhe que custeasse os funerais, sem poupar gastos e com muito luxo.

Cresce o Descontentamento

Algum tempo depois, já esquecido da briga, Alvarenga voltou, queixando-se de que a fazenda do Paraopeba ia de mal a pior, com a péssima administração de José Maria, e havia contratado outra pessoa para tomar o lugar do cunhado. Sugeriu a Bárbara mudarem-se para São Gonçalo do Sapucaí, perto da Boa Vista, de onde poderia supervisionar melhor o andamento das novas lavras. E poderiam viver de maneira mais econômica, contando com as provisões da fazenda e levando vida mais simples.

Bárbara, pela primeira vez durante sua vida em comum, via o marido agir com bom senso, e achou melhor apoiá-lo. Escondia a tristeza por deixar a família, embora a distância não fosse tão grande que impedisse visitas freqüentes. Iniciou os preparativos para a mudança, separando o que pretendia deixar para trás ou levar.

Enquanto isso, seu marido e seu pai comentavam os assuntos que preocupavam a população desde a chegada do visconde de Barbacena, novo governador.

— Meu sogro, imagine vosmecê que o visconde, em vez de viver no palácio em Vila Rica, preferiu alojar-se com a família na chácara de veraneio em Cachoeira do Campo. Acha que ali corre menos risco de envolver-se em amizades com a gente local, sentindo-se assim mais livre para executar as ordens severas de Lisboa.

— E que ordens são essas?

— Ninguém estará a salvo, se forem todas cumpridas. Para começar, o quinto do ouro, menina dos olhos do governo. A derrama deve ser executada sem demora – e a dívida é de pouco mais de 538 arrobas* de ouro.

— 538 arrobas! Não existe tanto ouro na capitania, mesmo que cesse o contrabando, que se mandem fundir todas as jóias das mulheres e as coroas dos santos.

— É difícil convencer disso os ministros lá em Lisboa. Para incentivar a mineração serão diminuídos os impostos sobre os utensílios de ferro, mas, em troca, todos os demais impostos, sobre o óleo, sal, vinagre, sedas, vinhos e tudo mais que se consome, serão aumentados, e proibidas ainda mais severamente as indústrias locais. Os contratantes terão que pagar o que ainda devem dos contratos e serão substituídos por funcionários enviados da Metrópole.

— Muita gente sairá disso arruinada – disse Silveira, apreensivo.

— Certamente. Gente como Silvério dos Reis, o amigo dele Brito Malheiros e muitos outros deve uma enormidade e está disposta a tudo para salvar seus negócios. Todos os devedores da Fa-

A derrama

Se o quinto do ouro não atingisse a cota anual de 100 arrobas (cerca de 1,5 tonelada), esta deveria ser completada no ano seguinte. Há vários anos não se completava a cota. A derrama seria a cobrança, de uma só vez, das cotas em atraso, correspondentes a quase 8 toneladas de ouro, cabendo a todos os moradores da capitania contribuir para o pagamento.

* 538 arrobas, cerca de 8 toneladas

zenda Real terão as dívidas executadas, entre eles nosso amigo Rodrigues de Macedo – e nós também, não se esqueça. A situação de Macedo é um pouco mais confortável. Como muitos lhe devem, inclusive o governo e todas as pessoas de alguma importância na capitania, terá a quem cobrar; isso se restar algum dinheiro nesta terra.

À notícia da sua chegada a casa se encheu de gente ávida por informações. Alvarenga contou que havia conhecido em Vila Rica um jovem de vinte e sete anos, José Álvares Maciel, cunhado do comandante Freire de Andrade e acabado de chegar de Coimbra, onde estudara mineralogia. Tinha ouvido de comerciantes ingleses que estes muito se surpreendiam por ver que o Brasil não seguia o exemplo dos Estados Unidos da América, proclamando também sua independência.

— Ingleses? – perguntou alguém. O rapaz não estudou em Coimbra?

— É verdade, mas aproveitou a estada na Europa para visitar a Inglaterra e conhecer os novos métodos industriais. O doutor Maciel crê que o futuro das nações está na industrialização e no comércio. Os britânicos, que nada têm de bobos, sabem muito bem disso. Vejam o que aconteceu aos portugueses: levaram tanto ouro do Brasil e pouco lhes resta, entregaram tudo aos ingleses, para pagar pelos produtos que não fabricavam, e só agora acordaram e passaram a produzir sedas, papéis, botões e outras coisas.

— E nós, brasileiros, – interrompeu um comerciante da vila – saímos perdendo. Para recuperar o tempo perdido, obrigam-nos os portugueses a comprar os produtos de suas indústrias, impedindo-nos de ter as nossas ou de importar de outros países que ofereçam artigos mais baratos.

— Tenho a certeza de que o Maciel haveria de concordar. Vosmecê terá ainda a oportunidade de ouvi-lo, terão muito a conversar.

Maciel, ao desembarcar no Rio de Janeiro, conhecera o militar Joaquim José da Silva Xavier, que apesar dos quarenta anos não passava do posto de alferes. Era órfão, fora criado pelo irmão padre e havia perdido em negócios malsucedidos a herança paterna. Teve então que se tornar mascate e tropeiro para sobreviver. Nisso também faliu. Foi quando resolveu entrar para a carreira militar, na esperança de melhorar de vida. O fato de ganhar um dinheiro extra como dentista o colocava em posição social inferior. Além disso, feio, coitado, e com uma cicatriz no rosto.

Não tinha muitos amigos entre a gente importante; dentre os que lhe eram mais chegados estavam Silvério dos Reis, que costumava emprestar-lhe dinheiro, o pai da noiva de Silvério e o português Abreu Vieira, contratante do dízimo agrícola. Esse Abreu Vieira era padrinho de Maria Joaquina, a filha ilegítima de Xavier; o compadre, com sua influência, fora o responsável pela nomeação do alferes para o posto de comando, do qual Cunha Menezes o havia demitido.

Tiradentes, como era chamado, tinha, entretanto, idéias interessantes; havia imaginado um novo sistema de abastecimento de água para a cidade do Rio de Janeiro, para o qual desejava patrocínio oficial. Pediu ao doutor Maciel que lhe conseguisse com o visconde de Barbacena, com quem mantinha boas relações, uma carta de apresentação ao vice-rei, tio de Barbacena.

Voltou a Minas desencantado com a recepção, e ainda mais amargo. O doutor Maciel, a quem se queixou, aproveitou para falar-lhe de tudo que ouvira na Europa, onde se pregava abertamente, na França, contra a tirania dos reis. E presenteou-o, recomendando-lhe que o lesse, com um livro do americano Thomas Jefferson, autor da Declaração de Independência dos Estados Unidos.

Tiradentes, um homem de visão

Tiradentes, que já se revelara um bom engenheiro durante a construção de uma variante do Caminho Novo, a estrada que ligava Minas Gerais ao Rio de Janeiro, concebeu um sistema para a melhoria do abastecimento de água para a cidade do Rio de Janeiro, ridicularizado à época, mas posto em prática quando a Corte portuguesa se transferiu para o Brasil. Projetou também uma rede de armazéns para estocar mercadorias, que ficavam expostas ao tempo no Cais do Porto. Outro projeto de sua autoria propunha a construção de moinhos, aproveitando a força motriz dos córregos Catete, Laranjeiras, Andaraí e Maracanã.

Um Noivado

Doutor Silveira e o coronel Matias Vilhena, na varanda aos fundos da casa, conversavam de negócios e maldiziam a crise, a cada dia mais grave. De repente, mudando de assunto, o advogado falou ao militar do desejo que sentia de vê-lo novamente casado na família.

— Sabes que Teresa era como uma filha para nós, e tu um genro.

Iria estava com vinte e um anos e nunca demonstrara interesse por ninguém em particular. — Estou certo de que serias bem-sucedido se te aproximasses dela.

Para o coronel, Iria não passava da criança que conhecera ainda de vestido curto e brincando com bonecas. Alertado pelo doutor Silveira, percebeu que já não era assim tão menina. Haviam-lhe contado que o desembargador Cruz e Silva havia comparado as irmãs Silveira às deusas; não dera muita importância ao fato, cortesias de um poeta visitante... mas era realmente bonita a Iria, e filha de um amigo. A família era rica e influente. Por que não unir o útil ao agradável?

A partir de então, passou a visitar os Silveira com maior freqüência.

O doutor Silveira entrou sorridente no quarto de Iria. Na mão trazia uma carta, adornada com o brasão dos Vilhena.

— O meu velho amigo capitão Matias pede tua mão em casamento para o filho. Por mim, aceitaria imediatamente. Muitos pais escolhem seus genros como melhor lhes parece, mas sabes que não é do meu feitio forçar minhas filhas em coisas do coração. – E num suspiro: – Antes vos tivesse educado, a todas, como fazem os roceiros, conservando-vos ignorantes, reclusas, saindo de casa somente para a missa.

— Graças a Deus, meu pai, vosmecê não é como esses. Eu morreria de desgosto se tivesse de me casar com algum velho rabugento, só para lhe fazer a vontade.

— Pois talvez os outros pais estejam certos, filha. O coração costuma ser mau conselheiro. Vê quantos problemas tivemos. Aí está tua irmã Maria Inácia, obrigada a entregar o filho a outra família, para evitar mais escândalos. Quando insistimos no casamento o pai do menino recusou, disse que mães solteiras são coisa comum em nossa casa, tomou-se de ódio e é hoje nosso inimigo. Talvez se teu irmão e teu cunhado não o tivessem hostilizado... Quanto a Bárbara, felizmente está casada, mas já era mãe de Maria Ifigênia quando o Alvarenga finalmente decidiu-se. Ele vive em dificuldades, deve mui-

Fachada da rua Direita, Vila Rica.

to dinheiro a amigos, ao governo, fornecedores e agiotas. A fazenda de Paraopeba está em meu nome; cansei de pedir-lhe que pague o que deve por ela, mas qual... um dia ainda terei aborrecimentos por isso. E teu futuro sogro também, pois foi fiador da operação. E Alvarenga deu agora para freqüentar aquelas reuniões em Vila Rica em que se discutem as idéias dos filósofos franceses e falam em rebelar-se como os norte-americanos.

— Mas, pai, vosmecê mesmo se queixa de que os mineiros estão fartos de exploração e não têm mais de onde tirar para satisfazer as exigências de Lisboa.

— Muito diferente é queixar-se, loucura é desafiar a rainha. Lembra-te, filha, os reis têm espias e soldados, pobre do súdito que provocar sua ira.

— Vosmecê pensa que as atitudes de meu cunhado podem trazer-lhe problemas?

— Nunca te interessaste muito por política, senão perceberias que as Minas Gerais estão a ponto de explodir. O visconde de Barbacena está apertando o cerco contra os empresários. Alvarenga não é perigoso, é mais sonhador que rebelde, preocupa-se principalmente com livrar-se dos credores, mas muita gente naquele grupo, principalmente o doutor Álvares Maciel, está falando sério. Mas não foi para tratar desses assuntos que vim ver-te. Desnecessário perguntar se aceitas a oferta do Matias. Ou pensas que não venho percebendo o tempo que passas a ouvi-lo e os olhares que diriges a ele? Creio que se pode marcar o noivado, não? Corre e dá a notícia a tua mãe. Ficará feliz ao te ver fazer tão bom casamento.

A Conjura

Alvarenga não podia suportar a imobilidade. O quarto filho nasceria em breve e não podiam mudar-se antes disso. Então, para quebrar a monotonia, ia seguidamente a Vila Rica, onde, dizia, se organizavam grupos para discutir a resistência às novas medidas do governo. Voltava excitado, e era com ar de mistério, a portas fechadas, que conversava sobre os acontecimentos da capital.

Palacete de Freire de Andrade na rua Direita, em Vila Rica.

Tiradentes comparecia às reuniões que aconteciam no palacete de Freire de Andrade, na rua Direita, para tramar a independência de Minas Gerais. Narrou ao grupo, que contava com mais adeptos a cada dia, que vira, no Rio de Janeiro, a polícia desmontando teares que faziam concorrência aos tecidos portugueses. Esses teares haviam sido todos confiscados e seriam mandados para Lisboa, levando à ruína seus donos.

— Assim será sempre o Brasil, se algo não for feito, e logo – disse Maciel. É absurdo que, tendo tanto ferro em nossa capitania, sejamos obrigados a importá-lo da Europa porque Portugal não nos permite explorar o que temos aqui.

Maciel, que já pregava contra a exploração colonial, estava agora mais fervoroso; seu pai fora fiador de alguns contratantes e estaria falido se tivesse que pagar a fiança. E pensar que o comandante Freire de Andrade, quando casou com Querubina Maciel, imaginava herdar uma fortuna... Aliás, o comandante Freire tinha outros motivos, além desse, para se preocupar: haveria uma investigação no corpo de Dragões e os comandos seriam mudados.

Os doutores Gonzaga e Cláudio Manuel da Costa, os homens mais respeitados da capitania por seu saber e seriedade, já haviam sido sondados, mas não diziam nem sim nem não, não se comprometiam. O doutor Cláudio parecia a ponto de aderir. O aristocrático Gonzaga, entretanto, não admitia que um alferes sem eira nem beira fosse levado a sério. Só loucos embarcariam numa revolução que contava com um fracassado e inculto tirador de dentes entre seus chefes. Duvidava também da lealdade da maioria dos conspiradores.

Na verdade, vários deles ali estavam somente para defender seus bolsos e privilégios ameaçados. O padre Rolim, que voltara a Minas clandestinamente depois de ser expulso pelo governador anterior, e o padre Toledo, por exemplo, sabiam que o visconde de Barbacena tinha instruções para reduzir o dízimo da igreja e investigar a fortuna dos padres.

Abreu Vieira, compadre de Tiradentes

Era português. Em Minas Gerais fez fortuna, foi contratante do imposto dos dízimos e sócio do grande negociante e banqueiro Rodrigues de Macedo. Foi também coronel do Regimento de Cavalaria Auxiliar. Residia em Vila Rica e em sua casa costumavam se hospedar o padre Rolim e Tiradentes. Foi padrinho de Joaquina, filha deste último. Era também o mais idoso dos inconfidentes, e muito obeso, com dificuldade para caminhar. Ao ser preso, seu escravo Nicolau fez questão de acompanhá-lo na Cadeia e no degredo. Abreu Vieira morreu na África, mas nada se sabe do destino de Nicolau.

Rodrigues de Macedo, outro que cedia a casa para reuniões, e os contratantes Silvério dos Reis e Abreu Vieira, o compadre de Silva Xavier, haviam aderido porque os inconfidentes pretendiam cancelar todas as dívidas para com a Fazenda Real – e eram devedores, os três. Eram portugueses, mas a independência da capitania representaria para eles a independência econômica.

Portugal já não significava muito para esses homens. Há tanto tempo estavam no Brasil que pouco os ligava à pátria de nascimento. Silvério estava noivo de uma rica brasileira. Atraiu para a conjura o futuro sogro; este era seu fiador e, se as grandes dívidas do contratante fossem executadas, iria à falência com ele.

— Como confiar em gente assim – perguntava o honesto Gonzaga – que segue o partido que lhes oferecer maior vantagem?

Alvarenga teria muito a ganhar se a revolução fosse bem-sucedida. Estaria livre das dívidas para com a Fazenda Real, pelo menos, e só lhe restariam as dívidas pessoais para resolver. Fora isso que o atraíra de início. Pouco a pouco seu temperamento sonhador falou mais alto. Via-se como um dos fundadores de uma nação livre, papel que muito lhe agradava.

Discutia as idéias revolucionárias com Matias e com o sogro. Este, em sua prudência de velho já muito vivido, lembrava-lhe que antes de sua vinda para o Brasil, lá mesmo em Vila Rica, tinha havido, em 1720, nos tempos do conde de Assumar, um motim, liderado por Felipe dos Santos, para impedir a cobrança do quinto. O infeliz fora enforcado sem julgamento, seu corpo esquartejado, os pedaços pendurados em postes, e tudo continuara na mesma.

— Caro sogro, vosmecê acaba de empregar a palavra certa, Felipe dos Santos liderou um reles motim popular. Nosso grupo reúne alguns dos homens mais importantes de Minas e, se decidirem adotar uma atitude, irão fazê-lo tomando todas as precauções, e no momento certo.

— Cuidado com o que fazes e dizes. Quero-te bem, apesar de nossas divergências, e não te desejo ver desgraçado. Nem minha filha e netos. Tu mesmo dizes que o doutor Gonzaga hesita em se comprometer. Sê prudente tu também.

Matias, ele também alarmado, advertiu Alvarenga:

— Ó, Inácio, pede ao teu amigo alferes que modere as palavras. Outro dia, vinha eu de viagem, quando parei em uma estalagem para uma refeição. E lá estava o Xavier a uma mesa, rodeado de

Conde de Assumar e Felipe dos Santos

O conde de Assumar governou com extrema severidade a capitania que compreendia os atuais estados de Minas Gerais e São Paulo, logo após a Guerra dos Emboabas. Os conflitos não haviam cessado de todo e o conde enfrentou a audácia dos mineradores em várias ocasiões. Em 1720, revoltados contra a cobrança do quinto do ouro, os habitantes de Vila Rica se rebelaram, sob a chefia de Felipe dos Santos. O conde fingiu ceder até que pudesse reunir tropas suficientes. Ao retomar o controle da situação, incendiou casas e, sem julgamento, mandou enforcar Felipe dos Santos, que, depois de morto, teve o corpo esquartejado e exposto.

gente, a convidar a todos para expulsarem do Brasil os portugueses ladrões. O segredo é a alma de toda conjura e em lugares públicos nunca se sabe quem está nos ouvindo.

E acrescentou risonho: — Foste injusto com o dentista, não é feio como dizes. E contaram-me que canta modinhas muito bem ao violão, o que lhe consegue sucesso nas tabernas.

O irrequieto Alvarenga não conseguia ficar longe dos conspiradores. Voltou a Vila Rica e hospedou-se em casa de Gonzaga, de onde saía a toda hora para assistir a alguma reunião. A rebelião, haviam decidido, era inevitável.

Estavam Gonzaga e Alvarenga, certa manhã de outubro de 1788, em companhia do doutor Cláudio, visitante costumeiro de todos os dias, quando um mensageiro veio avisar que Bárbara havia dado à luz mais um menino. Alvarenga pediu a Gonzaga que aceitasse ser o padrinho e convidou-o a seguirem juntos para São João d'El Rey. De lá iriam para São José, onde seria realizado o batizado.

Bárbara repreendeu o marido. Como lhe pregava tamanha peça? Trazer um hóspede de cerimônia sem nem ao menos avisá-la!

— Que bobagem, tolinha. Compadres são como parentes; Gonzaga é agora nosso compadre e está muito à vontade, viste como apreciou o jantar? Que honra para nosso João Damasceno, ter um padrinho desse quilate.

O padre Toledo cedeu a casa para a festa e Alvarenga, como sempre, não mediu gastos. A certa altura ergueu um brinde: — A Bárbara, que ainda há de ser rainha!

Nessas ocasiões era o melhor dos maridos, sabia como ninguém agradar a uma mulher e fazê-la sentir-se desejada e bela, como se ainda fosse a mocinha de dezesseis anos que acabava de conhecer. Naquele momento, contemplando Maria Ifigênia, compenetrada em seu papel de madrinha, Tristão e Eleutério com os trajes de veludo já amarrotados pelas brincadeiras e o recém-nascido Damasceno a dormir nos braços da ama vestido de rendas, Bárbara teve a certeza de que era feliz.

Comparou-se a outras mulheres; quase todas casadas por conveniência, dividiam teto e marido com as amantes escravas. Que importavam agora as humilhações sofridas no passado, ou que vivessem afogados em dívidas? Havia desposado o homem que amava e soubera conservar seu amor, seria sempre sua Bárbara Bela. Muita gente lamentava sua sorte, sabia; não passavam de um rebanho de tontos, como escrevera num poema.

Casa do Padre Toledo em São José do Rio das Mortes.

Um poema atribuído a Bárbara Eliodora

"(...)
Quem fala escreve no ar
Sem pôr vírgulas nem pontos
E pode quem conta os contos
Mil pontos acrescentar.
Fica um rebanho de tontos
Sem nenhum adivinhar."

Sacudiu os ombros e enxugou disfarçadamente uma lágrima comovida. Era preciso atender aos convidados, comandar os criados, sorrir ao padre Toledo e ao doutor Gonzaga, sentados à sua direita e esquerda.

— Doutor Gonzaga – ou posso dizer compadre Gonzaga? – que notícias me dá da formosa Maria Dorotéia? Não saiu ainda a autorização para as bodas? Permita-me que mande servir-lhe mais uma fatia deste manjar.

Houve baile, depois da ceia. Na biblioteca do padre, com a presença de alguns dos principais conjurados e de fazendeiros e homens de negócios, discutiu-se a situação política de Minas e a conveniência de se tornarem independentes. A situação era crítica, ninguém discordava; mas poucos se comprometiam a participar ou a enviar homens e armas. Ficavam, como diz o povo, em cima do muro, aguardando os acontecimentos, para só então decidir para que lado haveriam de saltar.

Alvarenga permaneceu ainda algum tempo com a família. Aproximava-se o dia de Santa Bárbara, que costumava celebrar todos os anos. Contra a vontade da mulher, preocupada com a despesa, fez questão de custear a ornamentação da igreja, paramentos novos, bordados a ouro, para o padre e um espetáculo de fogos de artifício para a população. Distribuiu esmolas aos pobres e presentes aos escravos da casa, devotos da santa, que confundiam com sua divindade Iansã. Ao filho de uma cativa, nascido na mesma data, concedeu a alforria.

Após o Natal de 1788, comemorado com cânticos diante do presépio, missa do galo e ceia, partiu novamente para a capital, deixando todos entregues às Folias de Reis. Durante o trajeto pensava em como pagar as dívidas contraídas para o banquete do batizado e para a festa de Santa Bárbara. Um temporal havia destruído as lavras da Boa Vista, o ouro tão ansiosamente aguardado fora-se, literalmente, por água abaixo. Haveria de encontrar um jeito.

Religiões africanas e o catolicismo

Os proprietários de escravos tratavam logo de batizar e catequizar os africanos. Estes, para continuar a cultuar suas divindades – orixás –, faziam-no sob o disfarce de culto aos santos católicos, aproveitando algumas semelhanças entre os atributos de uns e outros. Ogum, orixá da guerra, era cultuado como São Jorge, santo representado entre os cristãos como um guerreiro a cavalo; Nanã, avó de Oxalá, era substituída por Sant'Anna, avó de Jesus. Iansã, orixá das tempestades, confundia-se com Santa Bárbara, cuja proteção é invocada durante as tormentas.

Acertos Finais

Começava o ano de 1789. Os dias eram agitados, com muitas discussões, geralmente em casa de Freire de Andrade, às vezes na de Macedo, a respeito da organização da nova República – seria uma república, certamente, a nova nação. As dívidas para com a Fazenda Real seriam perdoadas e a exploração de diamantes deixaria de ser monopólio da Coroa. Incentivariam a indústria local. A capital seria transferida para São João d'El Rey; o palácio dos governadores, em Vila Rica, seria sede da primeira universidade brasileira. As mães de famílias numerosas receberiam ajuda do governo. O doutor Cláudio Manuel da Costa, estudioso de leis e que havia finalmente aderido, redigiria a Constituição, com a ajuda de Gonzaga.

Palácio dos Governadores, em Vila Rica.

Nem todas as propostas foram tão facilmente aceitas. O que fazer a respeito dos cativos, por exemplo. Tinham todos os inconfidentes, até mesmo Tiradentes, o mais pobre entre eles, parte do seu capital aplicado em escravos, e a maioria não aceitava abrir mão deles.

Alvarenga, apesar de possuir mais de duas centenas de negros, era a favor de libertá-los:

— Com a promessa de alforria, combaterão ao nosso lado. Ou vosmecês pensam que os portugueses vão aceitar nossa independência sem oferecer resistência? Teremos que enfrentar uma guerra, como os americanos do norte.

— Mas, se libertarmos os escravos, quem irá operar as fábricas, cuidar da lavoura e garimpar? Vamos precisar de ouro, muito ouro, para a compra de armas no exterior – argumentou Maciel.

Outro se indignava: — Aqui estamos porque a Coroa quer confiscar nosso ouro e, antes mesmo de existir, a República quer confiscar-nos os escravos!

A discussão azedou, alguns escravistas ameaçavam desistir de tudo, mas Alvarenga sugeriu:

— A revolução é feita em favor dos brasileiros. Os negros nascidos aqui, quer queiram, quer não, são brasileiros e não podemos excluí-los. Que tal um meio termo? Os escravos nascidos no Brasil serão alforriados, mas podemos exigir que prestem serviços em paga da liberdade. E os africanos importados, que são maioria, continuarão escravos, e sempre se poderão importar quantos forem necessários.

Libertas quae sera tamen

Foram muitas as sugestões para a bandeira da república a ser fundada em Minas Gerais. Optou-se por uma bandeira simples, de fundo branco, com um triângulo vermelho ao centro. O dístico *Libertas quae sera tamen* – liberdade ainda que tarde –, um verso do poeta romano Virgílio, foi proposto por Inácio de Alvarenga Peixoto.

"Liberdade ainda que tarde": o lema da Inconfidência.

Nem mesmo o desenho da nova bandeira foi esquecido e, com muitas discussões e palpites, ainda não haviam chegado a um acordo. De certo só a frase que constaria como lema *Libertas quae sera tamen*, lembrada por Alvarenga.

Estavam certos da vitória, e também de que as capitanias do Rio de Janeiro (onde já contavam com adeptos) e de São Paulo seguiriam o exemplo dos mineiros. Do estrangeiro contavam com o apoio que os empresários ingleses haviam prometido a Maciel no caso de o Brasil se tornar independente. Um estudante brasileiro na Europa, Joaquim da Maia, já havia feito contato com o embaixador dos Estados Unidos em Paris, Thomas Jefferson; com certeza os norte-americanos enviariam ajuda. Comerciantes franceses haviam prometido um navio com reforços.

Em outra reunião decidiu-se o destino dos padres, problema espinhoso na presença de Toledo e Rolim. Toledo, principalmente, era conhecido por sua astúcia em obter dinheiro dos fiéis. Ambos, já que lhes seria permitido conservar os bens que possuíam, aceitaram que, de ora em diante, os padres deveriam empregar em benefício do povo e em obras de caridade os dízimos da igreja, reservando apenas uma parte para seu sustento. E nada impediria que continuassem com seus rendosos negócios particulares.

Rolim seria um dos mais beneficiados com a liberação do Distrito Diamantino.

Certa noite estava Alvarenga em casa de Rodrigues de Macedo, com quem jogava cartas, na esperança de ganhar-lhe algum dinheiro. Apesar da chuva torrencial que caía, alguém bateu à porta. Um mensageiro pedia ao coronel Alvarenga que fosse à casa do comandante Freire de Andrade, para um assunto urgente. Não seria assim tão urgente que não lhe permitisse aguardar a estiagem e, enquanto isso, já que a sorte estava do seu lado essa noite, sugeriu mais uma partida.

Mais tarde, na casa de Freire, encontrou Toledo, Rolim, Álvares Maciel e Tiradentes; o dono da casa apresentou dois novos companheiros. Gonzaga chegou pouco depois e, ao ver Tiradentes, aborreceu-se. Retirou-se para uma varanda, de onde podia ouvir o que se falava. Até preferia assim; não desejava envolver-se no comando nem com a ação militar. Mas sabia de tudo que se tramava e que seria nomeado presidente provisório, até que se consolidasse a vitória e fossem convocadas eleições.

A busca por apoio estrangeiro

José Joaquim da Maia e Barbalho, estudante brasileiro na França, escreveu ao embaixador americano Thomas Jefferson, pedindo-lhe uma entrevista. Nesse encontro relatou-lhe a situação de seu país, suas dificuldades e suas riquezas, e o desejo dos brasileiros de também se tornarem independentes, para o que esperavam contar com o auxílio dos norte-americanos. Joaquim da Maia também estabeleceu contatos com os comerciantes da cidade de Bordeaux. Antes de morrer de tuberculose em Portugal, pediu a Domingos Vidal de Barbosa Laje, de regresso a Minas Gerais, que transmitisse a notícia de que esses comerciantes se dispunham a enviar auxílio aos brasileiros caso se rebelassem contra o domínio colonial.

Luís Vaz de Toledo Piza

Irmão do padre Toledo, era major no Regimento de Cavalaria Auxiliar. Um sobrinho de ambos também participou da Inconfidência, mas conseguiu evadir-se e jamais foi encontrado. Luiz Vaz de Toledo acusou Silvério dos Reis de havê-lo aliciado para a conspiração; em outro interrogatório mudou seu depoimento e acusou o irmão. Condenado à morte, teve a sentença comutada em degredo perpétuo para Angola; depois de alguns anos cumprindo pena em um presídio, foi autorizado a viver em Luanda, onde ocupou o cargo de tabelião.

Faltava apenas marcar a data. Aguardariam o dia da derrama; a população estaria indignada e tomaria o partido dos revoltosos. Maciel, assessor de Barbacena e morador na chácara da Cachoeira, onde servia de espião, tinha ouvido dizer que a derrama seria anunciada no mês seguinte, fevereiro.

Quando chegasse o momento, o comandante Freire de Andrade tomaria a frente das operações, em Vila Rica. Tiradentes iria à Cachoeira prender o governador e, caso resistisse, deveria executá-lo e trazer sua cabeça para exibir ao povo. As tropas rebeldes se apoderariam do ouro do quinto, reunido para o envio a Portugal, e patrulhariam as estradas e as fronteiras da capitania – perdão, da República.

Todos receberam suas ordens. Rolim iria para o Distrito Diamantino, onde tinha suas bases, a fim de obter a adesão dos mineradores, acenando-lhes com a promessa de liberação do garimpo e com o perdão das dívidas. O militar Luiz Vaz de Toledo Piza, paulista, irmão do padre Toledo, tentaria angariar reforços em sua terra. A Tiradentes caberia doutrinar os companheiros de tropa. Silvério dos Reis doou dinheiro para a compra de munição. Abreu Vieira prometeu fornecer a pólvora necessária.

A missão de Alvarenga era fazer propaganda entre os fazendeiros e moradores de São João d'El Rey, do distrito de Campanha e arredores, convencendo os indecisos.

Dona Hipólita, esposa do coronel Oliveira Lopes, única mulher com alguma participação ativa, seria o elo de ligação entre eles, encarregando-se do envio de mensagens entre os conjurados.

Quando Maciel comunicasse que Barbacena havia marcado a data em que anunciaria a derrama, avisos seriam enviados aos conspiradores, e a senha seria "Tal dia é o batizado." Enquanto isso, se organizariam grupos armados que, no dia certo, marchariam sobre Vila Rica.

O Fracasso

Foi marcada a data para o casamento de Iria. Alvarenga, padrinho da noiva, chegou desanimado de Vila Rica.

— Ah, minha flor, – disse a Bárbara – foi-se por água abaixo, pelo menos por enquanto, a nossa revolução. O visconde de Barbacena, soubemos por nosso espia na Cachoeira, convenceu a rainha e seus ministros de que a derrama é totalmente impossível. O governador percebeu o que já saltava aos olhos de toda a gente de bom senso: não há ouro em Minas Gerais para pagar nem meia derrama. E sem derrama lá se foi o apoio da população. Resolvemos debandar por ora, ir cada um para sua casa, cuidar de sua vida.

O doutor Silveira, que chegava de visita, foi logo atalhando:

— Melhor assim. Onde já se viu uma revolução contra um monarca e seus regimentos tramada por um punhado de homens e com tão pouco planejamento? Se houver revolução, que seja organizada em seus mínimos detalhes. Há homens e armas em número suficiente? Ou pensam vosmecês que os Dragões de Minas Gerais serão suficientes para derrotar as tropas portuguesas? E as provisões para alimentar os combatentes?

O genro continuou seu relato: — Quem não está nada satisfeito são os contratantes em débito com o Tesouro. A derrama foi adiada, mas não a cobrança dessas dívidas. Silvério dos Reis, por exemplo, foi intimado a saldar seus compromissos imediatamente; se houver revolução em outra época, para ele, seu futuro sogro e amigos será já tarde demais. Está arrancando os cabelos em desespero e tentando imaginar um meio de obter o perdão de seus débitos.

O casamento de Iria com o coronel Matias Gonçalves Moinhos de Vilhena, na Matriz do Pilar, transcorreu como se ainda vivessem os bons tempos e nada os ameaçasse. O doutor Silveira gastou generosamente, como que adivinhando que aquela seria a última festa, da qual se lembrariam para o resto de suas vidas.

Em 25 de março anunciou-se oficialmente que a derrama estava suspensa. Dias depois Alvarenga foi a São José assistir aos festejos da Semana Santa. Em casa do padre Toledo encontrou Correia de Pamplona, também de visita. Toledo, partidário de que a revolução se fizesse de qualquer modo, tentou recrutar Pamplona, que pediu tempo para pensar. Tarde da noite Alvarenga foi ao quarto do padre e perguntou-lhe que loucura era aquela: — A rebelião está adiada, sem data prevista, por que falar nisso? Não é correr riscos desnecessários?

Matriz do Pilar em São João d'El Rey.

— Eu cá penso que já não podemos recuar, estamos por demais comprometidos. Temos que seguir adiante com os planos, antes que o governo desconfie de alguma coisa e nos esmague como se fôssemos carrapatos – argumentou o padre.

Na manhã seguinte, Sexta-feira da Paixão, tiveram a intuição de que entre eles também havia um Judas. O quarto de Pamplona estava em perfeita ordem, a cama não fora desfeita e o hóspede havia desaparecido. Alvarenga foi a Vila Rica comunicar o ocorrido.

Gonzaga também suspeitava de que alguma coisa se tramava; Barbacena havia nomeado para vários cargos alguns dos conspiradores menos importantes e havia concedido privilégios aos Dragões, como que para atraí-los para o seu partido. Muita gente havia viajado sem dizer para onde e outros evitavam encontrar-se com os companheiros conjurados. Freire de Andrade e o cunhado Maciel se portavam de maneira estranha. Tiradentes, desanimado, fora para o Rio de Janeiro e não mandava notícias. Certo de que nada havia a fazer, Alvarenga voltou para casa.

Vivia assustado, dormia mal à noite, por que se metera em tal enrascada? Já não lhe bastavam os credores para atormentá-lo? O ruído de uma vidraça estilhaçando-se atraiu-o à sala da frente. Sobre o assoalho, embrulhando uma pedra, o bilhete prevenia: Silvério dos Reis os havia delatado logo que soubera da suspensão da derrama. Informado da traição, na esperança de salvar a pele, Freire de Andrade havia feito o mesmo. Correia de Pamplona havia contado ao governador a conversa em casa de Toledo. Brito Malheiros, desde a denúncia de Silvério, passara a freqüentar os inconfidentes como espião, a pedido do governador Barbacena, que desejava saber mais antes de agir. O Tiradentes já estava preso, no Rio de Janeiro, doutor Gonzaga e Cláudio Manuel em Vila Rica. Tratasse de queimar qualquer papel comprometedor e de fugir o mais rápido possível.

— Para onde? – perguntou a Bárbara, que chorava, implorando-lhe que se fosse. Não sou negro fugido para meter-me num quilombo. Queres saber de uma coisa? Para mim, esse *amigo* que mandou o recado só pode ser um dos nossos. Veio avisar-me para que destrua papéis, no interesse dele mesmo, é claro, para que seu nome não apareça. A mim o aviso de nada serve, se for verdade que já fui denunciado.

Bárbara queria mandar chamar o pai, o irmão e o cunhado Matias.

— Teu irmão está fora com o regimento, Matias casou-se há um mês apenas. Não, deixa-os, nada podem fazer. O simples fato de serem meus parentes já os torna suspeitos e ficariam em situação ainda mais difícil. Alguém tem que ficar para zelar pela família. Se os interrogarem, eles devem jurar sempre que eu jamais lhes disse qualquer coisa. Em nada me ajudarão se estiverem trancados numa cela também. Não sei o que acontecerá a Macedo, além de esperto, é rico, e os ricos têm meios de escapar. Podes procurá-lo em caso de necessidade, não há de desamparar-te.

Na rua soaram patas de cavalos. Alguém bateu à porta.

— Deixa que eu abra logo, antes que acordem as crianças e elas me vejam levado como criminoso. Certamente serei conduzido ao quartel, manda um escravo levar-me algumas roupas. Proíbo-te chegares à janela.

Alguns criados, despertados pelo ruído, viram, estupefatos, o senhor da casa ser empurrado como negro para o pelourinho.

Era o 20 de maio de 1789.

Bárbara contou, no dia seguinte, entre soluços, que, contrariando as ordens do marido, havia se debruçado à janela para vê-lo ainda uma vez.

— Maria Inácia, aquele patife Dias Coelho, que arranjaste para pai de teu filho, comandava o destacamento. Precisavas ver com que gosto apertou algemas e correntes. E dizia, rindo, que queria ver sangrar os pulsos e tornozelos de um certo advogado catita. O padre Toledo estava com eles, também algemado.

O Inquérito

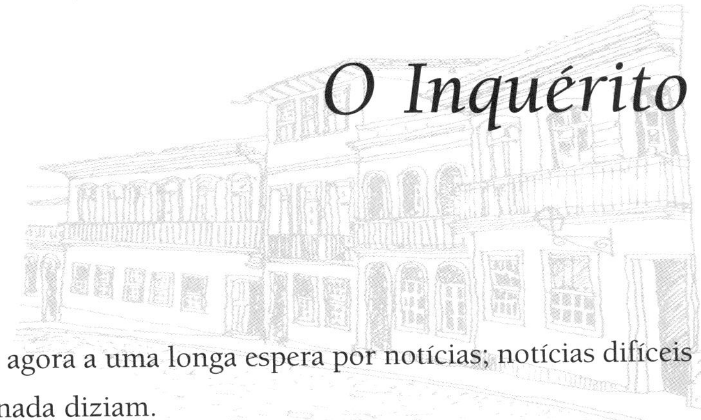

A vida dos Silveira resumia-se agora a uma longa espera por notícias; notícias difíceis de obter, pois as autoridades nada diziam.

A população de Minas, assombrada ao ver presos tantos cidadãos ilustres, foi informada de que as detenções se deviam a denúncias de contrabando de diamantes em grande escala.

O doutor Silveira mandou um capataz de confiança a Vila Rica, disfarçado de tropeiro. O capataz amarrava seus burros à porta de alguma venda e negociava a mercadoria com toda a calma, convidando os presentes a provar da pinga que trazia para vender. Assim, sem chamar a atenção, andava por toda parte. Ao fim de uma semana e meia, vendido o estoque e com uma lista de encomendas, voltou à casa do patrão.

— Doutor, tem tanto boato que ninguém sabe muito bem o que é ou não é verdade. Me conte uma coisa, se não leva a mal eu perguntar; estão falando que o genro de vosmecê e os amigos dele não foram presos por causa de diamantes nem por causa de impostos atrasados. Dizem que eles queriam botar os portugueses para fora do Brasil e eleger outro rei.

— Não, não levo a mal tua pergunta, mas, quanto menos souberes, melhor para ti.

— O genro do patrão foi levado para o Rio de Janeiro e está lá, na fortaleza da Ilha das Cobras, junto com o doutor Gonzaga, o alferes Tiradentes e mais alguns. O doutor Gonzaga foi obrigado a desfilar pela rua, de madrugada, amarrado a um cavalo. O doutor Cláudio Manuel está numa dependência da casa de *seu* Rodrigues de Macedo, que o governador requisitou para servir de prisão porque a Cadeia nova só está pronta pela metade e não cabe mais tanta gente. Aquele moço que andou por aqui, o tenente Dias Coelho, anda caçando gente por toda a capitania. Ninguém sabe do *seu* Macedo e a polícia está atrás do padre Rolim; chegaram a botar na cadeia os irmãos dele, para ver se denunciavam o seu esconderijo. Tem muita gente sumida.

Fortaleza da Ilha das Cobras no Rio de Janeiro.

Na prisão

Preso aos 60 anos de idade, assustado ou ameaçado, Cláudio Manuel da Costa assinou uma confissão abjeta, censurando o próprio crime e denunciando os companheiros. Caiu a seguir em profunda depressão. Seu amigo, o cônego Vieira, preso numa cela próxima, foi autorizado a prestar-lhe assistência espiritual.

O disfarce de tropeiro havia funcionado e foi providenciada mais uma partida de aguardente.

O capataz voltou assustado. Continuavam as prisões e suas perguntas começavam a gerar desconfiança. O patrão desculpasse, não queria mais espionar. Mas trouxera notícias.

O escrivão Manitti estava interrogando os acusados. Quem podia, pagava caro para ficar fora do inquérito. Quem calava era torturado para confessar. Se a confissão deixasse mal um dos pagantes, ou comprometesse algum amigo do governador, Manitti só anotava o que lhe interessava e ameaçava novos castigos se não mudassem o depoimento quando chegassem os juízes mandados pelo vice-rei. Por outro lado, prometia proteção a quem delatasse os companheiros. Doutor Cláudio, depois de reconhecer sua culpa e dar uma lista de nomes, apareceu enforcado na cela. O governador anunciou que ele se havia suicidado, arrependido do seu crime. Mas comentava-se que alguns suspeitos haviam subornado um guarda para assassiná-lo, para que não comprometesse mais ninguém.

— Quem faria uma coisa dessas, mandar assassinar um companheiro?

— Não sei não, doutor, na hora do perigo tudo pode acontecer, é cada um por si.

Logo não foi mais preciso enviar espiões a Vila Rica; juízes chegaram a São João para interrogar todo mundo que tivesse alguma ligação com os rebeldes. Uma carta anônima havia incriminado quarenta moradores da comarca do Rio das Mortes. O coronel Oliveira Lopes, antes de ser levado ao cárcere, denunciara Silvério dos Reis como um dos principais conspiradores; o traidor também estava trancafiado na Ilha das Cobras.

Bárbara não era tida como fazendo parte da rebelião nem estava intimada a depor, mas um dos juízes veio vê-la, em busca de informações. Homens armados montavam guarda à porta. Nenhuma janela se abriu na vizinhança, ninguém saía à rua, todos se faziam de mortos.

Bárbara, muito pálida, entrou na sala apoiada ao braço de uma escrava. Olheiras roxas circundavam seus olhos. Diante da autoridade, dispensou a criada e aprumou os ombros.

— Aviso-lhe, senhora, que seu marido e seus cúmplices já confessaram, cada um se fazendo de inocente e responsabilizando os demais. Há irmão denunciando irmão, amigo acusando amigo. Com isso, os que ainda estavam soltos foram apanhados, até mesmo o comandante Freire de Andrade e o doutor Maciel, que estavam se fiando na proteção do governador.

Pelo visto, a traição não tinha ajudado Freire a se livrar do castigo, nem a Maciel, o iniciador de tudo. Bárbara alegrou-se secretamente com a notícia. Declarou que era uma simples mãe de família e somente cuidava de sua casa e de seus filhos. O marido não costumava falar-lhe de seus negócios. Jamais participara de qualquer reunião. Não, não tinha conhecimento do paradeiro do padre Rolim; aliás, o padre não era um de seus amigos nem costumava freqüentar sua casa. Sim, conhecia bem o falecido doutor Cláudio e o doutor Gonzaga. Suas relações com o doutor Gonzaga se limitavam ao compadrio existente entre ambos; quanto às opiniões políticas do ex-ouvidor, nunca haviam conversado sobre esse assunto.

O doutor Silveira havia recomendado à filha que, caso a interrogassem, não procurasse negar o que já fosse do conhecimento das autoridades, mas não acrescentasse nada de novo. O juiz esperava encontrar uma mulher ingênua, que cometesse muitas indiscrições; desapontado, sentiu que perdia seu tempo e encerrou a visita com uma pergunta que, apesar da gravidade do momento, arrancou de Bárbara um sorriso irônico.

— Senhora, chegou ao nosso conhecimento que era sua intenção usurpar o trono de nossa augusta soberana; seu marido chegou a saudá-la num banquete com o título de rainha. E, em preparação ao alto posto que pretendiam atingir, sua filha, a menina Ifigênia, segundo seu professor de música, recebia em casa o título de princesa.

— Imagino que o senhor juiz jamais amou alguém, pois, se tivesse amado, saberia que rainha e princesa são títulos que os homens dão àquelas que amam, sejam esposas, filhas ou amantes. Outros as chamam de deusas, e nem por isso são levados à fogueira por heresia. Se minha família desejasse ocupar um trono já o teria feito, quando meu antepassado Amador Bueno foi aclamado rei de São Paulo.

Insegura com a presença de tantos homens da lei em São João, Bárbara foi viver em sua casa de São Gonçalo do Sapucaí. Aí foi visitada pelos oficiais de justiça que vinham fazer o seqüestro dos bens. Foi obrigada a assistir à retirada do mobiliário, pratarias, quadros e imagens de santos que adornavam as paredes. Linhos, louças, jóias, tudo ia sendo listado e colocado em caixotes.

Por fim foram reunidos os escravos domésticos. Cada um levava numa trouxa seus poucos pertences; a fortuna de um escravo cabe toda ela num lenço, até os panos que veste pertencem ao senhor. Alguns haviam nascido naquela família. Choravam porque sabiam que seriam postos em leilão, levados para lugares desconhecidos e separados dos pais, filhos e amigos, vendidos sabe-se lá para quem. A vida de um escravo nunca está segura, não é dono de seu destino. O branco faz e o negro paga.

Os oficiais de justiça rumaram para a fazenda, onde dariam seguimento à sua missão.

A Condenação

Bárbara vivia modestamente, servida por algumas escravas cedidas por dona Josefa. Todos os bens do casal Alvarenga ficariam bloqueados até o final do processo e a justiça permitira-lhe o uso daquela casa, deixando-lhe apenas o indispensável.

Era uma vida solitária e recolhida; os habitantes do arraial temiam se aproximar, os filhos eram muito pequenos para compreender o que se passava – João Damasceno contava um ano apenas. Somente com Ifigênia podia dividir sua dor.

Iria escrevia-lhe sempre que havia portador confiável. As dívidas do pai para com o Tesouro haviam sido executadas e as terras de Goiás, deixadas pela avó Mariana, eram disputadas por outros herdeiros e dependiam ainda de decisão judicial. O estilo de vida em casa dos Silveira mudara muito; longe haviam ficado os saraus e jantares, quase não havia visitantes. Dona Josefa não percebia muito bem a gravidade da situação e queria a todo custo exigir a devolução de sua prataria goiana, que havia emprestado para o uso de Bárbara e fora confiscada por engano.

Felizmente não havia contra o doutor Silveira qualquer ordem de prisão. A maioria dos homens de alguma importância havia pelo menos assistido a alguma palestra dos inconfidentes e não seria possível deter a todos; com os chefes fora de ação, isso bastaria para manter na linha os demais.

— Venho da parte de teu compadre Rodrigues de Macedo. Manda-te dinheiro e notícias e garante que nada te há de faltar. – Surpresa, Bárbara ouviu a voz de Matias. Dentro em breve receberás coisa melhor. Teu antigo admirador, o desembargador Cruz e Silva, veio de Lisboa, designado para atuar no inquérito, e permitiu que te correspondas com teu marido. Gonzaga e Dorotéia terão o mesmo privilégio.

E desfiou as notícias que Iria temia enviar por escrito. Rolim havia sido apanhado na mata em que se escondia, protegido por um escravo fiel. Macedo, como previa Alvarenga, não seria processado. A poder de muito ouro, pago ao escrivão Manitti, não fora sequer chamado a depor, embora sua casa fosse um dos centros da conspiração. Muita gente devia-lhe dinheiro e favores, inclusive o governador. E estava a par de segredos e negociatas que ninguém queria ver divulgados. Se fosse interrogado e resolvesse contar tudo que sabia, seria grande o estrago. Seus informantes no Rio de Janeiro mantinham-no a par do andamento do inquérito: os prisioneiros, incomunicáveis para que não pudessem combinar seus depoimentos, contradiziam-se entre si, mas, um a um, iam todos confessando.

Casa do padre Rolim no Arraial do Tejuco.

Um escravo fiel

Esse escravo do padre José da Silva e Oliveira Rolim chamava-se Alexandre da Silva. Instruído, servia de secretário ao senhor. O padre Rolim, ao saber da prisão dos companheiros, fugiu para o mato em companhia do escravo e por quatro meses conseguiram iludir as patrulhas. Localizados em seu esconderijo, Alexandre resistiu aos soldados; na luta matou o comandante da patrulha e saiu gravemente ferido. O padre foi levado preso para a Ilha das Cobras e o mulato, para a Cadeia Pública, no Rio de Janeiro. Alexandre foi absolvido – os juízes entenderam que, como escravo, apenas obedecia ordens – mas foi arrolado entre os bens confiscados de Rolim e levado a leilão. Rodrigues de Macedo ordenou ao seu representante no Rio de Janeiro que o comprasse.

Todos não. Gonzaga, velha raposa experiente, insistia em negar seu envolvimento; não tendo havido qualquer rebelião, nem existindo provas de que tramassem uma, seria difícil condená-lo à morte, podiam no máximo puni-lo por conivência. Se todos tivessem agido da mesma forma... mas, no afã de escapar, haviam incriminado uns aos outros.

Gonzaga havia escrito um poema no qual descrevia Xavier como um louco, digno de zombaria ou de pena. E, perguntava aos juízes, alguém como ele, Gonzaga, entraria numa rebelião ao lado de tal homem? Seguindo seu exemplo, os antigos comparsas qualificavam o alferes como leso, tapado.

— O pobre vai acabar sendo o bode expiatório, chega a dar pena. Também... não tem ninguém para pedir por ele. Não é rico. Não é alto funcionário, como Gonzaga, nem filho de um conde, como Freire, não tem poemas publicados em Lisboa. Nem a capitão conseguiu chegar, não passa de alferes.

Antes de partir, Matias transmitiu um recado do doutor Silveira: se Alvarenga fosse condenado, os bens seqüestrados seriam confiscados definitivamente. Desse total seriam descontadas as dívidas a particulares e o restante passaria à Coroa. Nesse caso, Bárbara deveria alegar que era casada em comunhão de bens e, portanto, a metade de tudo lhe pertencia; era inocente de qualquer crime e não podia ser punida pelos atos do marido. Depois de pagas as dívidas, sua parte no que restasse devia lhe ser devolvida.

O tempo transcorria monótono, um, dois anos.

Iria havia dado à luz uma menina, Bárbara do Sacramento Vilhena, afilhada de Macedo. Maria Inácia, incorrigível, se envolvera em novas aventuras amorosas e estava grávida outra vez. Dias Coelho, promovido, era agora capitão. Silvério dos Reis fora solto, havia recebido de volta suas casas, acrescidas da Ordem de Cristo, e havia se casado. No Rio de Janeiro havia sofrido três atentados e vivia se escondendo. Não podia voltar a Minas, onde era odiado e ameaçavam os parentes de sua mulher. A família do coronel Oliveira Lopes – irmão da sogra de Silvério – que tivera vários membros denunciados, havia jurado vingança.

Por algum tempo Bárbara tivera o consolo das cartas que o marido escrevia da prisão; otimista como sempre, garantia-lhe que os poemas que enviava à rainha, implorando perdão, haveriam de

Alvarenga louva a rainha

"(...)
Sou vassalo, sou leal;
como tal,
fiel, constante,
sirvo à glória da imperante,
sirvo à grandeza real.
Aos Elíseos descerei,
fiel sempre a Portugal,
ao famoso vice-rei,
ao ilustre general *,
às bandeiras que jurei."

* O governador também era chamado de general.

obter-lhe a liberdade. Alguém escreveu ao Tribunal de Lisboa denunciando a correspondência entre o casal e as cartas cessaram.

Houvera uma revolução na França; lá, o povo havia marchado em peso contra o rei. Comentava-se que a sentença dos rebeldes mineiros seria das mais severas, para deixar bem claro que aqui não era a França.

E novamente a espera enervante.

O julgamento havia sido marcado para o dia 18 de abril de 1792, mas, alguns dias transcorridos, a decisão dos juízes ainda não era conhecida em Minas. Corria toda sorte de boatos. Que os rebeldes mineiros já haviam sido executados, todos eles, ou que a rainha bondosamente os perdoara. Que haviam sido açoitados antes de ser levados à forca, que haviam conseguido fugir...

Um mensageiro, cavalgando quase sem descanso e trocando de montaria quantas vezes fosse necessário, chegou do Rio de Janeiro com um relatório para Rodrigues de Macedo, que enviou Matias a São Gonçalo, antes que falsas notícias chegassem aos ouvidos de Bárbara. Tendo viajado toda a noite, o coronel apeou exausto diante da casa da cunhada.

— Tranqüiliza-te, Bárbara, o pior já passou. Antes de mais nada, a vida de Alvarenga está salva.

— Louvado seja Deus em sua bondade! E quando volta para nós? É preciso arrumar tudo, a casa, contar às crianças...

— Disse-te apenas que estávamos livres do pior, ainda tenho muito a contar. – Chamou uma escrava para que fizesse deitar a senhora, muito agitada; assim que se acalmasse iria vê-la no quarto.

— A vida de teu marido foi poupada, mas deve partir, ou até mesmo já partiu, para o exílio perpétuo na África. – Esperou que a nova crise serenasse e continuou: — Os cabeças da rebelião, Tiradentes, meu cunhado, Maciel, Freire, Oliveira Lopes e o irmão do padre Toledo foram condenados à forca – calma; não te afirmei que Inácio vai viver? Escuta-me até o fim – seriam enforcados, mas a rainha suspendeu a sentença, menos no caso do alferes, que já foi morto, esquartejado, e sua cabeça e pedaços de seu corpo, conservados em sal, estão a caminho de Minas para ser expostos. Conto-te esses horrores para que dês valor à notícia que acabas de receber, pois esse seria também o destino de Alvarenga. Queres ouvir o resto?

— Não te incomodes com o meu sofrimento, continua.

— A sentença de infâmia sobre os descendentes dos condenados foi mantida, assim como o confisco dos bens, tanto de Xavier quanto dos deportados. – O coronel esperou mais um pouco, até que a cunhada digerisse a notícia: seus filhinhos, inocentes de qualquer culpa, declarados malditos e lançados à miséria.

— Não te desesperes, enquanto há vida há esperança. Dentro de alguns anos, quem sabe, pode-se conseguir o perdão real, ou talvez te permitam reunir a família na África, não são coisas para se pensar agora. Vim às pressas, como recomendou Macedo, mas quando parti deixei Iria a aprontar os trastes, e em três ou quatro dias estará aqui para te fazer companhia. Dona Josefa, infelizmente, como sabes, já não tem saúde para viajar, mas reza por ti diariamente.

Matias recolheu-se para descansar. Cansada de tantas emoções, esgotada pelo choro, Bárbara também adormeceu. À noitinha voltaram a se reunir e Matias contou-lhe o destino dos demais inconfidentes. A pena imposta aos padres revoltosos era mantida em segredo, assim como fora secreto o seu julgamento. Quatorze réus estavam condenados ao degredo, alguns por toda a vida, outros por dez anos, como Gonzaga, a quem só se podia acusar de saber da revolução e calar. Todos, sem exceção, tiveram os bens confiscados. Houvera também algumas absolvições.

— Mas, se todos escaparam à forca, por que o pobre alferes foi executado? Não foi ele o idealizador nem o chefe da trama.

— Não te posso responder com certeza, mas dá graças a Deus por ser assim. – E, depois de pensar um pouco, continuou: — Alguém teria que sofrer um castigo exemplar. Para começar, o próprio Tiradentes, além de ser o que mais se expôs em público, assumiu sozinho a responsabilidade. E como não havia provas, provas de verdade, concretas, de coisa alguma, era mais fácil condenar quem se dizia culpado. Xavier chegou a afirmar que Gonzaga não sabia de nada. Gonzaga, que tanto o desprezava, a ponto de não admiti-lo em sua casa, hoje lhe deve talvez a vida.

Uma Mulher Solitária

Muito tempo deveria passar antes que Alvarenga pudesse enviar notícias. Uma demorada travessia marítima o levaria primeiro a Luanda, em Angola, depois seguiria por terra até o presídio em Ambaca, no interior. Cartas vindas da África levavam três ou quatro meses para chegar, primeiro aguardando no porto uma nau, depois cruzando o Atlântico, mais uma ou duas semanas para subir a Mantiqueira até Minas Gerais.

O confisco definitivo dos bens já seqüestrados de Alvarenga estava em andamento. Casas, fazendas, escravos e engenhos, a mobília e obras de arte, lavras, ferramentas do garimpo, a cana de açúcar ainda por colher e o gado, seria tudo levado a leilão. Até a alimentação fornecida durante a prisão seria cobrada. Dominando a aflição, Bárbara batalhava por seus direitos de meeira, ajudada por Macedo. Seus filhos não seriam lançados à miséria, não sem luta.

Veio então a tão ansiada carta de Ambaca, escrita por mãos estranhas, comunicando o falecimento do exilado, vitimado por febres tropicais dias depois de sua chegada. O missivista narrava as palavras cruéis do comandante da fortaleza, que se havia referido ao morto como "o tal Alvarenga, que acabou de perder a única coisa que ainda lhe restava."

Aos trinta e cinco anos, aquela que fora a Bárbara Bela, comparada por um poeta às deusas, era uma infeliz viúva sem fortuna, de porte alquebrado e olhar melancólico.

Ocaso

O doutor Silveira teve mais propriedades confiscadas, para pagamento dos impostos da fazenda de Paraopeba, em atraso; a fazenda nunca fora paga e reverteu ao fisco. Doente e apático desde o confisco anterior, não sobreviveu ao choque. Dona Josefa, a quem restavam pouco mais que a casa e os escravos domésticos, vendendo móveis e objetos de prata, reuniu o suficiente para enviar o filho José Inácio a Portugal, onde trataria do caso da herança goiana junto aos tribunais superiores.

Matias também sofreu prejuízos; o pai, cujas lavras já não davam lucro, havia falecido e, como herdeiro, coube ao coronel honrar a fiança dada a Alvarenga e ao doutor Silveira. Resolveu então fixar residência em Campanha, onde possuía terras.

Não se comparava ao antigo casarão do doutor Silveira, mas era uma boa casa a sua, de onde podia supervisionar os trabalhos da lavoura e da criação de gado. O brasão dos Vilhena encimava a porta, surgia bordado nas cortinas ou gravado nas travessas de louça. Campanha e São Gonçalo ficavam próximas uma da outra e as irmãs se viam com certa freqüência.

Voltando de uma dessas visitas, Iria, rodeada pelos filhos, que produzia quase um a cada ano, comentava com o marido:

— Estranho como a vida nos faz surpresas. Se fizermos comparações com seu antigo patrimônio, Bárbara poderia ser considerada, agora, uma mulher pobre. No entanto, desde que recebeu de volta metade das terras e escravos da Boa Vista e convenceu Rodrigues de Macedo a associar-se a ela, comprando a outra parte no leilão judicial, tem, pela primeira vez na vida, uma renda regular, graças à boa administração do compadre.

— Eu estava mesmo para te falar nesse assunto. Estive com Macedo há pouco. Não goza da simpatia dos novos governantes e, desde que lhe cobraram as dívidas dos antigos contratos, seus negócios já não caminham tão bem. Já havia gasto uma boa fortuna para se livrar do processo da Inconfidência. Pois aquelas sanguessugas sem caráter, Brito Malheiros e Correia de Pamplona, vêm lhe extorquindo dinheiro novamente, para não reavivar a história de sua participação na revolta.

— Como? Já lá se vão alguns anos, não está esquecido o assunto?

— Engano teu. Tanto que o escrivão Manitti, desejando voltar à Europa, e voltar rico, exigiu de Macedo uma soma absurda para não trazer a público velhos documentos. Então chegamos ao que nos diz respeito. O compadre precisa se desfazer da sua parte na Boa Vista, mas não deseja vendê-la a qualquer um, já que o comprador se tornará, forçosamente, sócio de Bárbara. Com as economias que temos feito, e com tua parte na herança de tua avó, que José Inácio desembaraçou em Lisboa, podíamos comprar essas terras.

Matias não se deixava iludir pela miragem do ouro. Gado, cana, feijão eram as riquezas em que confiava, nisso havia investido seu trabalho e seu capital, e os bens das filhas de Maria Inácia, das quais era o tutor.

Dona Iria suspira. Mal havia percebido a tarde passar, imersa em suas lembranças. Caminha até o oratório, ao fundo do vasto corredor, testemunha de tantas ações de graças ou pedidos de ajuda.

Reza por seus mortos... Maria Inácia, Ana, Joaquina, suas irmãs tão cedo partidas... agora a vez de Bárbara... Pede a proteção divina para seus doze filhos e filhas e para os muitos netos, espalhados pelo sul da capitania, Ouro Fino, Pouso Alegre, São João d'El Rey, Nossa Senhora da Saúde das Águas de Caldas, tantas vilas e povoados em que os Vilhena da Silveira deixariam sua marca.

Chama um escravo e diz-lhe que peça ao vigário que venha até sua casa para tratarem das exéquias de dona Bárbara Eliodora.

... depois da Inconfidência

Bárbara Eliodora, depois da morte do marido, viveu sempre em sua casa de São Gonçalo do Sapucaí, embora viajasse com certa freqüência a São João del Rei. Dizia-se que havia enlouquecido, o que é desmentido por sua atitude ao lutar bravamente para preservar, pelo menos em parte, o patrimônio dos filhos e por sua correspondência com Rodrigues de Macedo. Conseguiu, com muito esforço, que, apesar da sentença de infâmia que pesava sobre eles, Tristão Antônio e João Damasceno fossem aceitos na escola de cadetes. Dizia-se também que havia morrido na miséria. Documentos comprovam que, se perdeu a fortuna, teve vida confortável, possuindo terras e escravos, administrados por seu compadre Macedo e, depois, por seu cunhado Matias. Ao morrer foi enterrada ao pé do altar da Matriz; durante uma reforma na igreja, o túmulo foi desfeito e seus restos transferidos não se sabe para onde.

Maria Ifigênia, dizia a tradição, teria morrido ainda na infância. Mas, em 1796, ao prestar contas a sua sócia Bárbara Eliodora, Rodrigues de Macedo cita a quantia que cabe a Ifigênia – que, portanto, ainda vivia, com dezessete anos de idade. Morreu pouco depois, de uma queda do cavalo, solteira, sem deixar descendentes.

Tristão Antônio também morreu jovem, solteiro e sem filhos. João Eleutério casou-se em 1810. Seus descendentes viviam no Triângulo Mineiro, em Silvianópolis e em Ouro Fino, MG. O filho mais jovem do casal Alvarenga mudou seu nome para João Evangelista, porque João Damasceno era o nome do irmão de Silvério dos Reis. Foi professor de latim na cidade de Campanha. Casou-se em 1818 na Matriz do Pilar. Era perdulário e pródigo, e sua mulher conseguiu interditá-lo, sendo o primo Matias Antônio Moinhos de Vilhena nomeado curador de seus bens. O único filho de João Evangelista morreu ainda rapazinho, sem descendência, e a filha Maria casou-se com o sargento-mor de Baependi, major Damaso Xavier de Castro.

Maria Inácia Policena da Silveira morreu em São João del Rei, em 1796, aos trinta e dois anos, deixando duas filhas naturais. No ano seguinte morreu Ana, outra das irmãs Silveira, solteira e sem filhos. Joaquina morreu em Portugal, sem filhos, deixando uma casa em herança para a mãe, que morreu em 1806 e foi enterrada na igreja da Ordem Terceira de São Francisco, ao lado do marido.

Iria Claudiana e o coronel Matias tiveram doze filhos e filhas, todos eles casados, que se espalharam pelo sul de Minas Gerais. Os descendentes das filhas levam sobrenomes diversos: Valladão, Caldas, Campos do Amaral, Leite, Duarte, Osório de Almeida, Moreira Salles, Americano e muitos outros. Maria José Duarte de Vilhena, nascida em Pouso Alegre, bisavó da autora, era bisneta de Iria. São inúmeros, dispersos por todo o Brasil, os que ainda levam o sobrenome Vilhena.

O filho de Maria Inácia e de Dias Coelho, Antônio Francisco Teixeira Coelho, foi reconhecido pelo pai, que lhe deixou sua herança; o rapaz viveu sempre em companhia da mãe adotiva, dona Hipólita. Esta, ao morrer, nomeou-o herdeiro de seus bens, muito diminuídos após o seqüestro e confisco. Antônio teve quatorze filhos, que deram origem à numerosa família Teixeira Coelho.

Joaquim José da Silva Xavier nasceu no sítio do Pombal, hoje em ruínas, no termo de São João del Rei. Teve algumas amantes conhecidas; pelo menos de uma delas teve uma filha, Maria Joaquina, de cujo destino nada se sabe. A cabeça de Tiradentes ficou exposta em Vila Rica, diz a tradição que por três dias apenas; alguém a teria retirado, provavelmente algum amigo que a enterrou, o que talvez não passe de lenda. O marco de infâmia mandado erigir no lugar da casa em que residia foi demolido em 1821. Da família Silva Xavier só se conhecem as descendentes de uma irmã de Tiradentes.

Tomás Antônio Gonzaga, um ano após chegar a Moçambique, casou-se com uma rica herdeira de dezenove anos. Permaneceu na África, raramente escrevia poesia e ocupou postos importantes na magistratura local, até seu falecimento aos sessenta e três anos, em 1807. Maria Dorotéia, que planejava reunir-se a ele quando se extinguissem os dez anos de sua pena, jamais se casou. Viveu sempre em sua casa no bairro de Antônio Dias, em Vila Rica, onde morreu em 1853, com mais de oitenta anos de idade e, dizem alguns autores, atendendo a seu pedido, foi enterrada em seu vestido de noiva.

Os padres Rolim e Toledo e o cônego Luiz Vieira foram levados a Lisboa. Depois de cumprir parte da sentença no forte São Julião da Barra, foram transferidos para conventos. Toledo faleceu em Portugal em 1803. Rolim voltou ao Brasil, onde Quitéria o aguardou por quinze anos, vivendo todo esse tempo no convento em que fora educada; o padre conseguiu reaver parte de sua enorme fortuna e viveram confortavelmente. Vieira também regressou, e morreu aos setenta anos, na fazenda da família, onde vivia com uma filha.

O comandante Freire de Andrade, condenado ao degredo perpétuo, conseguiu, em 1808, graças ao prestígio de sua família, autorização para retornar ao Brasil, mas morreu antes de embarcar. Quando do confisco de seus bens, foi protegido pelo governador e conseguiu sonegar várias propriedades. José Álvares Maciel, também condenado por toda a vida, ocupou um cargo importante em Oeiras, na África, encarregado da instalação de uma indústria de ferro.

João Rodrigues de Macedo sofreu extorsões até o fim de seus dias e perdeu pouco a pouco seus bens, inclusive sua casa, confiscados pela Fazenda Real. Morreu em 1807.

Joaquim Silvério dos Reis e Bernardina Quitéria de Oliveira Bello, sua esposa, sempre malvistos, viveram algum tempo em Lisboa e depois em Campos, RJ, onde o pai de Bernardina era administrador das terras do conde de Asseca. Sogro e genro cometeram tantas arbitrariedades e falcatruas que a população exigiu sua expulsão. Silvério e esposa voltaram a Lisboa, onde viveram até 1808, retornando ao Brasil com a Corte portuguesa. Silvério jamais se contentou com os prêmios recebidos pela traição, pedindo sempre mais e mais recompensas financeiras e comendas honoríficas.

Mal recebido em toda parte, acabou por se mudar para o Maranhão, onde morreu. Seu sogro, Luiz Alves de Freitas Bello, ao deixar Campos, adquiriu uma fazenda perto do Porto de Estrela, RJ; aí sua filha Mariana Cândida casou-se com Francisco de Lima e Silva e foi mãe de Luiz Alves de Lima e Silva, futuro Duque de Caxias; o filho José Ricardo casou-se com a herdeira de ricos proprietários de terras.

Bazílio de Brito Malheiros, homem de vida escusa, acusado de vários crimes, viveu sempre no receio de algum atentado. Antes de morrer, deixou um testamento em que aconselhava seus filhos a deixarem o Brasil, segundo ele uma terra de ladrões e de gente desprezível.

Correia de Pamplona continuou a viver em sua suntuosa Fazenda do Mendanha ou em seu sítio de Matosinhos, tornando-se cada vez mais rico.

Os cenários desta história ainda podem ser visitados: a casa do padre Toledo e a igreja em que foram batizados os filhos de Bárbara e de Alvarenga, na cidade de Tiradentes; a rica Matriz do Pilar, a igreja da Ordem Terceira de São Francisco e a casa do doutor Silveira e Souza em São João del Rei; em Ouro Preto o palácio do governador, a casa de Gonzaga e a de Rodrigues de Macedo, onde se suicidou ou foi assassinado Cláudio Manuel da Costa... e muitos outros, espalhados pelas cidades históricas de Minas.

Capela da Fazenda da Borda do Campo.

No Rio de Janeiro vários locais ainda lembram a passagem de Tiradentes, entre eles a fortaleza da Ilha das Cobras, onde ficou detido inicialmente, e o convento da Ordem Terceira, no Largo da Carioca, para onde foi transferido mais tarde. Durante o julgamento, Tiradentes e os demais acusados permaneceram no antigo prédio da Cadeia, lamentavelmente demolido para dar lugar ao Palácio Tiradentes, atual Assembléia Legislativa. Discute-se qual teria sido exatamente o local onde foi levantada a forca; o mais provavel é o atual cruzamento da avenida Presidente Vargas com a rua Senhor dos Passos.

Cronologia

	No Brasil	No exterior
1713	O Arraial Novo do Rio das Mortes, fundado em 1713 por Tomé Portes del Rei, se torna a Vila de São João del Rei.	A Inglaterra inicia a ascensão que a tornará a nação mais poderosa da Europa.
1717	O conde de Assumar assume o governo da Capitania de São Paulo e Minas do Ouro.	O reinado de dom João V (iniciado 1706) caracteriza-se pelo absolutismo. O ouro do Brasil permitiu-lhe organizar uma corte brilhante e embelezar o reino.
1720	Rebelião de Felipe dos Santos em Vila Rica (atual Ouro Preto, MG).	
1721	Descoberta de diamantes no Tejuco (atual Diamantina, MG).	
1722	O Anhangüera deixa São Paulo, em busca do ouro goiano.	
1729	Nasce em Ribeirão do Carmo Cláudio Manuel da Costa.	
1731	Diminui a produção de ouro em Minas Gerais.	

1744	Nasce no Rio de Janeiro Inácio José de Alvarenga Peixoto.	Nasce na cidade do Porto Tomás Antônio Gonzaga.
1746	Nasce na Fazenda do Pombal, termo de São João del Rei, Joaquim José da Silva Xavier, o futuro Tiradentes.	
1750		Tratado de Madri. Morre dom João V. Dom José I sobe ao trono português e nomeia primeiro-ministro Sebastião José de Carvalho e Melo, futuro marquês de Pombal.
1755	Agrava-se a crise na mineração. O governador de Minas queixa-se de que proliferam pequenas indústrias na capitania.	Um terremoto destrói Lisboa.
1756		Na França, Voltaire já publica suas obras defendendo a liberdade de pensamento.
1758		Atentado contra dom José I em Portugal. Pombal, inimigo dos jesuítas, os quais considerava uma ameaça ao poder real, acusa-os de cumplicidade.
1759	Os jesuítas são expulsos da colônia. Em Minas Gerais é destruído o Quilombo do Ambrósio. Nasce Bárbara Eliodora.	Os jesuítas são expulsos do território português e de suas colônias.
1762	Cláudio Manuel da Costa é nomeado secretário do governo em Minas Gerais.	

1763	Já não se completava a cota de 100 arrobas do quinto.	A Inglaterra conquista as colônias francesas de Quebec, as Antilhas, Índia e África Ocidental, constituindo-se num forte império colonial.
1764	Há uma derrama, seguida de várias falências. Muitos abandonam a mineração para se dedicar à agropecuária.	
1771	Abolido o contrato dos diamantes, que se tornam monopólio da Coroa.	
1773	Cláudio Manuel da Costa escreve "Vila Rica".	
1775	Joaquim José da Silva Xavier senta praça no Regimento dos Dragões.	Os norte-americanos se rebelam contra a Inglaterra, tendo George Washington à frente de um exército.
1776	Alvarenga Peixoto volta ao Brasil, nomeado ouvidor da comarca do Rio das Mortes, com sede em São João del Rei.	Os Estados Unidos da América declaram independência, mas os combates entre norte-americanos e ingleses continuam.
1777	O quinto do ouro rende apenas 70 arrobas (pouco mais que 1 tonelada).	Sobe ao trono português dona Maria I; o marquês de Pombal perde o cargo de primeiro-ministro.
1779	Nasce Maria Ifigênia, primeira filha de Alvarenga Peixoto e Bárbara Eliodora.	
1780	Dom Rodrigo José de Menezes assume o governo da capitania de Minas Gerais.	

1782	Tomás Antônio Gonzaga é nomeado ouvidor da comarca de Vila Rica. Alvarenga Peixoto compõe o "Canto Genetlíaco" e deixa o cargo de ouvidor para se tornar empresário; daí em diante raramente escreverá poesia.	
1783	Chega a Minas Gerais o governador Luiz da Cunha Menezes.	A Inglaterra reconhece a Independência dos Estados Unidos da América.
1785		José Álvares Maciel termina seus estudos em Portugal e vai à Inglaterra estudar os novos métodos fabris.
1786	É reforçada a medida que proibia fábricas de sedas, chapéus etc., sendo permitida a fabricação apenas de tecidos grosseiros para o uso dos escravos. Tomás Antônio Gonzaga escreve as "Cartas Chilenas".	Na Europa se alastram as novas idéias contra a tirania. Na França, José Joaquim da Maia se encontra com o embaixador norte-americano Thomas Jefferson.
1788	Chegam ao Brasil o visconde de Barbacena, novo governador de Minas Gerais, e Álvares Maciel, que no Rio de Janeiro conhece Tiradentes. Na volta para Minas, Tiradentes começa a pregar a independência. Há reuniões em Vila Rica para debater a rebelião.	As idéias libertárias se alastram na França, e o rei Luís XVI se vê obrigado a convocar os Estados Gerais, assembléia de que participariam também os plebeus.

1789	A derrama, prevista para fevereiro, é adiada e os Inconfidentes também adiam seus planos. Em março são cobradas as dívidas dos devedores da Real Fazenda. Silvério dos Reis, buscando o perdão de seus débitos, denuncia a conjura; o governador decide aguardar antes de agir. Com a rebelião adiada, Tiradentes vai para o Rio de Janeiro, para onde também vai Silvério a fim de formalizar a denúncia perante o vice-rei. Avisado de que está sendo vigiado, Tiradentes se esconde, mas é denunciado e preso em 8 de maio; Silvério também recebe ordem de prisão. Em Minas começam os interrogatórios, e, pouco a pouco, os Inconfidentes vão sendo presos e levados para o Rio de Janeiro. A 2 de julho Cláudio Manuel da Costa é encontrado morto, enforcado, em sua cela.	Em Paris, em 14 de julho, a Bastilha é tomada; em outubro o palácio de Versalhes é invadido. Convoca-se uma Constituinte.
1790	São presos Freire de Andrade e Álvares Maciel, e os bens de Alvarenga Peixoto começam a ser seqüestrados. Chega ao Brasil o novo vice-rei e, com ele, os juízes que deverão julgar o réus mineiros.	Luís XVI se vê forçado a aprovar a Constituição, que abole a nobreza hereditária, institui o julgamento por júri e dá direito de voto a todos os proprietários.

1791	Últimas prisões em Minas Gerais.	Luís XVI e a Família Real francesa fogem de Paris, mas são detidos e mandados de volta à capital, onde se tornam prisioneiros do palácio.
1792	Em 18 de abril são julgados os réus da Inconfidência; os cabeças são condenados à morte, e os considerados menos culpados, ao degredo por dez anos. O julgamento dos eclesiásticos foi secreto, assim como sua sentença. No dia 20 é lida a carta de clemência da rainha, mantendo a pena de morte apenas para Tiradentes; os demais condenados à pena capital têm a sentença comutada para degredo perpétuo na África. Às 11 horas da manhã do dia 21 de abril, Tiradentes é enforcado.	A rainha dona Maria é declarada louca, e seu filho, o príncipe dom João, passa a governar. Na França, Luís XVI é levado à prisão e julgado no fim do ano.
1793		Guilhotinado o rei Luís XVI.

Roteiro dos Inconfidentes

(veja o mapa no verso da capa)

- Cebolas, atual Inconfidência. Aqui foi exposto o quarto superior esquerdo de Tiradentes.
- Registro do Paraibuna. Posto de alfândega por onde passavam os que viajavam entre o Rio de Janeiro e Minas Gerais. Por aí atravessaram o rio os inconfidentes presos e os despojos de Tiradentes.
- Fazenda do Retiro Feliz. Pertencia à família da sogra de Silvério dos Reis.
- Rocinha da Negra. Ao lado das sesmarias de Tiradentes.
- Fazenda da Borda do Campo. Pertencia a Aires Gomes, o primeiro aliciado por Tiradentes em sua volta do Rio de Janeiro, após conhecer Álvares Maciel.
- Igreja Nova, atual Barbacena. À saída desta vila foi exposto o quarto superior direito de Tiradentes.
- São José do Rio das Mortes, atual Tiradentes. Aqui morava o Padre Toledo.
- São João d'El Rey. Aqui residiu a família Silveira e o casal Bárbara Eliodora e Alvarenga Peixoto.

- Fazenda da Caveira. De Joaquim Silvério dos Reis. Comprada de Oliveira Lopes e não paga.
- Fazenda do Pombal. Aqui nasceu Tiradentes.
- Fazenda Trapizonga. Pertencia a Silvério dos Reis.
- Fazenda do Mendanha. Pertencia a Correia de Pamplona.
- Fazenda Ribeirão de Alberto Dias. Pertencia a Freitas Bello, futuro sogro de Silvério dos Reis, que a recebeu de Oliveira Lopes como dote de sua mulher. Silvério aí residia boa parte do ano.
- Fazenda Ressaquinha. Outra fazenda que Silvério dos Reis comprou de Oliveira Lopes e não pagou.
- Fazenda do Paraopeba. De propriedade de Alvarenga Peixoto, em sociedade com seu sogro.
- Varginha do Lourenço. O quarto inferior esquerdo de Tiradentes foi exposto aqui.
- Caldeirões. Aqui ficava a fazenda de Freire de Andrade, sonegada no seqüestro de bens.
- Rodeios, povoado próximo a Vila Rica. Aqui ficou exposto o último quarto de Tiradentes.
- Vila Rica, atual Ouro Preto. A cabeça de Tiradentes foi exposta aqui.
- Cachoeira do Campo. Aí ficava a chácara de veraneio dos governadores.

- Ribeirão do Carmo, atual cidade de Mariana. Aqui nasceram Cláudio Manuel da Costa e o cônego Luís Vieira.
- Arraial do Tejuco, atual Diamantina. Aqui vivia o Padre Rolim.
- Arraial dos Prados. A fazenda de Oliveira Lopes ficava nos arredores.
- Tamanduá. Paróquia reivindicada pelo Padre Toledo.
- Campanha do Rio Verde. Vila em que vivia Matias Vilhena. A fazenda e o arraial de Boa Vista eram distrito de Campanha.
- Macaúbas. Aqui ficava o recolhimento (convento) em que foi educada Quitéria, filha de Chica da Silva.

Legendas do mapa:

cidades / vilas

fazendas

sede da capitania

divisão de capitanias

rios

caminho novo que ligava Minas ao Rio de Janeiro

Bibliografia

Para o leitor interessado em conhecer mais profundamente o que foi a Inconfidência Mineira, a bibliografia abaixo oferece algumas sugestões. *A devassa da Devassa*, do autor norte-americano Kenneth Maxwell, é um dos estudos mais completos sobre o tema. Os *Autos da Devassa* contêm todo o processo dos inconfidentes, transcrições dos interrogatórios e notas biográficas. As biografias de Tomás Antônio Gonzaga e de Alvarenga Peixoto foram traçadas de acordo com os estudos do filólogo português Manuel Rodrigues Lapa. Essas obras podem ser encontradas na Biblioteca Nacional, no Instituto Histórico e Geográfico Brasileiro, no Real Gabinete de Leitura e na Biblioteca do Forte de Copacabana.

ALVARENGA, LÚCIO DE M. "Testamento de Maria Josefa da Cunha Bueno e documentos genealógicos de Bárbara Eliodora", *Vozes de Petrópolis*, set/out 1954.

Autos da Devassa. Edição da Câmara do Deputados, 10 vols., 1976. Comentados por Herculano Gomes Matias e Tarquínio de Oliveira.

BARBOSA, VALDEMAR DE A. *A decadência das minas e a fuga da mineração*. Belo Horizonte: Imprensa da UFMG, 1971.

____. *Dicionário histórico e geográfico de Minas Gerais*. Belo Horizonte: Saterb, 1971.

____. *Negros e quilombos em Minas Gerais*. Belo Horizonte: Imprensa Oficial de Minas Gerais, 1872.

BARBOSA, VALDEMAR DE A. ET AL. *A verdade sobre Tiradentes*. Belo Horizonte: Instituto de História, Letras e Artes, 1907.

BARREIROS, EDUARDO C. *As vilas Del Rei*. Rio de Janeiro: José Olympio/Instituto Nacional do Livro, 1978.

CARVALHO, DANIEL DE. *Estudos e depoimentos*. Rio de Janeiro: José Olympio, 1953.

CARVALHO FRANCO, FRANCISCO A. *Dicionário de bandeirantes e sertanistas*. São Paulo: Indústrias Gráficas Siqueira, 1954.

CINTRA, SEBASTIÃO DE O. *Efemérides de São João del Rei*. Belo Horizonte: Imprensa Oficial de Minas Gerais, 1982.

COSTA FILHO, MIGUEL. "O engenho de Bárbara Eliodora", *Brasil Açucareiro*, n.1 e 2, 1954, e n.4, 5 e 6, 1958.

____. "Minas, fazendas e outros bens de Alvarenga Peixoto e Bárbara Eliodora", *Revista do IHGB*, vol.239, 1958.

Encyclopædia Britannica.

GONNARD, RENÉ. *La conquête portugaise*. Paris: Librairie de Medicis, 1947.

GONZAGA, TOMÁS ANTÔNIO. *Cartas chilenas*. São Paulo: Companhia das Letras, 1995.

GUIMARÃES, FÁBIO NELSON. *Fundação histórica de São João del Rei*. São João del Rei: São João del Rei Artes Gráficas, 1961.

GUIMARÃES, FÁBIO NELSON, A.L. SETTE CÂMARA E V.A. BARBOSA. *O Tiradentes*. São João del Rei: Instituto Histórico e Geográfico, 1976.

Hispanic American Historical Review, artigo "Another document on the Inconfidência". Carolina do Norte: Duke UP, 1952.

LAMEGO, ALBERTO. *Mentiras históricas*. Rio de Janeiro: Record, 1935.

____. *Terra Goytacá à luz de documentos inéditos*. Oficina Gráfica do Diário Oficial, 1843.

LAPA, MANUEL R. *Algo de novo sobre Alvarenga Peixoto*. Rio de Janeiro: Instituto Nacional do Livro, 1950.

____. *Tiradentes e Gonzaga*. Rio de Janeiro: Instituto Nacional do Livro, 1950.

____. *As Cartas Chilenas: um problema histórico e filológico*. Rio de Janeiro: Instituto Nacional do Livro, 1958.

____. *Vida e obra de Alvarenga Peixoto*. Rio de Janeiro: Instituto Nacional do Livro, 1960.

LEITE, AURELIANO. "Influência de uma família paulista do século XVIII nos destinos do Brasil". Divulgado no IV Congresso de História Nacional, São Paulo, 1949.

____. "A figura feminina na Inconfidência Mineira", *Revista do IHGB*, vol.215, 1952.

____. *O cabo maior dos paulistas na guerra contra os emboabas*. Edição particular, São Paulo, 1961.

LIMA, AUGUSTO DE. *Pequena história da Inconfidência Mineira*. Belo Horizonte: Imprensa Oficial de Minas Gerais, 1970.

MAGALHÃES, BASÍLIO DE. *Expansão geográfica do Brasil colonial*. São Paulo: Cia. Editora Nacional/MEC, 1978.

MATIAS, HERCULANO G. "Inconfidência e Inconfidentes", *Anais do Congresso Comemorativo do Bicentenário da Transferência da Sede do Governo do Brasil*, vol.III. Rio de Janeiro: IHGB.

MAXWELL, KENNETH. *A devassa da devassa*. São Paulo: Paz e Terra, 1995.

OILIAM, JOSÉ. *Tiradentes*. Belo Horizonte: Imprensa Oficial de Minas Gerais, 1974.

PAES LEME, PEDRO TAQUES A. *Nobiliarquia paulistana*. 3 vols. Belo Horizonte: Itatiaia, 1980.

Revista do IHGB, t.53, parte I, 1890. Volume dedicado a Cláudio Manuel da Costa.

Revista do IHGB, t.VIII. Artigo traduzido por José de Rezende Costa da "História do Brasil", de Robert Southey.

ROCHA POMBO. *História do Brasil*. W.M. Jackson INC., 1951.

SANTOS, JOAQUIM FELÍCIO DOS. *Memórias do Distrito Diamantino*. Belo Horizonte: Itatiaia, 1976.

SANTOS, LÚCIO JOSÉ DOS. "Inconfidência Mineira: o papel de Tiradentes", *Revista do IHGB*, tomo especial VI, 1927.

SILVA, JOAQUIM NORBERTO DE S. *Thomaz Antônio Gonzaga*. Rio de Janeiro: Garnier, 1862.

_____. *Brasileiras célebres*. Rio de Janeiro: Garnier, 1882.

SIMONSEN, ROBERTO C. *História econômica do Brasil*. 2 vols. São Paulo: Cia. Editora Nacional, 1937.

ST. HILAIRE, AUGUSTE. *Viagem pelo Distrito Diamantino*. Belo Horizonte: Itatiaia.

TRINDADE, RAIMUNDO. *Velhos troncos mineiros*. São Paulo: Empresa Gráfica Revista dos Tribunais, 1955.

VALLADÃO, ALFREDO. *Princesa da Campanha*. Rio de Janeiro: José Olympio, 1959.

VELOSO, HERCULANO. *Ligeiras memórias sobre a Vila de São José*. Belo Horizonte: Imprensa Oficial de Minas Gerais, 1955.

Sobre a autora

Sonia Sant'Anna nasceu em Goiás, em 1938, tendo depois morado no Rio de Janeiro, Londres, Belo Horizonte e Washington. Aprendeu a ler com a avó, aos cinco anos, e tornou-se leitora compulsiva desde então. Estudou no tradicional Colégio Sion, no Rio, formando-se em Letras pela Universidade Católica de Belo Horizonte.

Desde a infância pretendia escrever, mas sua primeira profissão foi a de designer de jóias e artesã joalheira. Atualmente trabalha como revisora e tradutora autônoma. *Inconfidências mineiras – uma história privada da Inconfidência* é sua primeira obra publicada, embora já houvesse escrito *Memórias de um bandeirante* (no prelo), que fez jus ao Prêmio Rodolfo Aizen da União Brasileira de Escritores.

O gosto pela História lhe veio do pai, que lhe contava histórias da História, o que a levou a se interessar por romances do mesmo gênero e, ainda na adolescência, por leituras de obras mais sérias.

Sonia também era ouvinte atenta dos casos contados por avós e velhas parentas. Certo dia, pesquisando a história dos bandeirantes, descobriu que uma sua antepassada era descendente direta do bandeirante Amador Bueno. Lembrou-se então que a avó Dolores lhe dizia que sua própria avó, Maria de Jesus, era neta de uma certa Iria, muito bonita, que fazia versos e tinha uma irmã também bonita e poetisa, e que ambas haviam participado de uma revolução em Minas. Só então se deu conta de quem eram essas antepassadas bonitas e de que a tal "revolução em Minas" era a Inconfidência Mineira; aí estava o tema para um romance: a Inconfidência tal como teria sido vivida pelas irmãs Iria Claudiana e Bárbara Eliodora.

Este livro foi composto por Cálamo Produção Editorial em Berkeley
e impresso por Geográfica Editora em janeiro de 2009.